HERMES

在古希腊神话中,赫耳墨斯是宙斯和迈亚的儿子,奥林波斯神们的信使,道路与边界之神,睡眠与梦想之神,亡灵的引导者,演说者、商人、小偷、旅者和牧人的保护神……

西方传统 经典与解释 HERMES
Classici et Commentarii
政治史学丛编
刘小枫 ● 主编

古希腊传记的嬗变
The Development of Greek Biography

[意]阿纳尔多·莫米利亚诺 Arnaldo Momigliano | 著
孙文栋 | 译

华夏出版社

古典教育基金·"传德"资助项目

"政治史学丛编"出版说明

古老的文明政治体都有自己的史书,但史书不等于如今的"史学"。无论《史记》《史通》还是《文史通义》,都不是现代意义上的史学。严格来讲,史学是现代学科,即基于现代西方实证知识原则的考据性学科。现代的史学分工很细,甚至人文－社会科学的种种主题都可以形成自己的专门史。所谓的各类通史,实际上也是一种专门史。

普鲁士王国的史学家兰克(1795—1886)有现代史学奠基人的美誉,但他并非以考索史实或考订文献唯尚,反倒认为"史学根本不能提供任何人都不会怀疑其真实性的可靠处方"。史学固然需要探究史实、考订史料,但这仅仅是史学的基础。史学的目的是,通过探究历史事件的起因和前提,形成过程和演变方向,各种人世力量与事件过程的复杂交织,以及事件的结果和影响,像探究自然界奥秘的自然科学一样"寻求生命最深层、最秘密的涌动"。

兰克的这一观点并不新颖,不过是在重复修昔底德的政治科学观。换言之,兰克的史学观带有古典色彩,即认为史学是一种政治科学,或者说,政治科学应该基于史学。因为,"没有对过去时代所发生的事情的认知",政治科学就不可能。

亚里士多德已经说过:"涉及人的行为的纪事","对于了解政

治事务"有益(《修辞术》1360a36)。施特劳斯在谈到修昔底德的政治史学的意义时说:

> 政治史学的主题是重大的公众性主题。政治史学要求这一重大的公众性主题唤起一种重大的公众性回应。政治史学属于一种许多人参与其中的政治生活。它属于一种共和式政治生活,属于城邦。

兰克开创的现代史学本质上仍然是政治史学,与19世纪后期以来受实证主义思想以及人类学、社会学等学科影响而形成的专门化史学在品质上截然不同。在古代,史书与国家的政治生活维系在一起。现代史学主流虽然是实证式的,政治史学的脉动并未止息,其基本品格是关切人世生活中的各种重大政治问题,无论这些问题出现在古代还是现代。

本丛编聚焦于16世纪以来的西方政治史学传统,译介20世纪以来的研究成果与迻译近代以来的历代原典并重,为我国学界深入认识西方尽绵薄之力。

刘小枫

2017年春

古典文明研究工作坊

纪念学者和朋友伊索贝尔·亨德森(Isobel Henderson)

目 录

1993 年增补版说明	1
序　言	3
缩写说明	5
导　论　传记之模糊不清的地位	1
第一章　当代的古典传记理论	9
第二章　公元前 5 世纪的传记和自传？	26
第三章　公元前 4 世纪	49
第四章　从亚里士多德到罗马人	75
结　语	117
附　录　再思希腊传记	121
参考书目	140
文献索引	150
人名索引	154

1993年增补版说明

这部经典著作除按原貌再版以外,增补了《再思希腊传记》一文,作者认为这篇文章是他思想整体的组成部分。此文于1971年发表于荷兰皇家科学学院(Koninklijke Nederlandse Akademie van Wetenschappen)的《公告》(*Mededelingen*)34.7,蒙允重印于此。

序　言

以下四篇演讲发表于1968年4月的哈佛大学(Harvard University)杰克逊古典学讲座(Carl Newell Jackson Classical Lectures),付梓时基本保留了原貌。针对史书与传记的关系这一重要而复杂的问题,它们提供了一个虽然十分初步但却基于独立思考的入门导论。遗憾的是眼下我没有时间对它们进行扩充。

我十分感谢我在哈佛大学古典学系的同事和朋友们,他们邀请我发表这一系列演讲,并进行了富有同情与建设性的讨论。哈佛大学慷慨做东,促进学术,使我受益良多。

我还要感谢1967年10月耶路撒冷以色列学院(Israel Academy)学术会议上的朋友们,以及我在伦敦沃堡研究所(Warburg Institute)和比萨高等师范学院(Scuola Normale Superiore)不同研讨班上的学生们,他们早些时候讨论了本书内容。多伦多的琼斯(C. P. Jones)教授两次阅读本书底稿,给予我许多专业而深刻的批评,布洛赫(H. Bloch)教授和博索克(G. W. Bowersock)教授也对本书做出了贡献。

缩写说明

FGrHist Die Fragmente der griechischen Historiker, ed. F. Jacoby
《希腊史学家残篇》

Is Inscriptiones Graecae
《希腊铭文集成》

OGIS Orientis Graeci Inscriptiones Selectae
《东方希腊铭文选辑》

Poxy Oxyrhynchus Papyri
《奥克西林库斯古卷》

RE Real – Encyclopädie der classischen Altertumswissenschaft, ed. A. Pauly, G. Wissowa, et al.
《大保利古典学百科全书》

RhM Rheinisches Museum für Philologie
《莱茵博物馆语文学专刊》

SGDI Sammlung der griechischen Dialekt – Inschriften, ed. H. Collitz et al.
《希腊方言铭文集成》

导论　传记之模糊不清的地位

[1]在我年轻的时候,学者们(scholars)写作史书,绅士们(gentlemen)写作传记。但他们是真的绅士吗？学者开始犯疑,他们对自己的邻居,传记作家(biographers),产生了越来越大的疑心。传记作家不再安分守己,他们声称自己对人类动机具有与生俱来的特殊直觉,甚至宣称自己才是真正的历史学家(historians)。

史书与传记的区分古已有之,且备受尊崇,波利比乌斯(Polybius)是这样宣告的(10.24),普鲁塔克(Plutarch)是这样认为的(《亚历山大传》[*Alexander*]1.2),迈耶(Eduard Meyer)迟至1902年还再次这样确认过,但它似乎正在被一个吵闹不休的跨国学派所否认,其中最为突出的人物是路德维希(Emil Ludwig)、莫洛亚(André Maurois)和斯特雷奇(Lytton Strachey)。他们身后隐约有某些黑暗势力蠢蠢欲动。伍尔芙(Virginia Woolf)不是猜测说,人类天性在大约1910年12月前后发生了变化吗？学者们没有注意到这种变化,但是传记作家却紧紧抓住了它。弗洛伊德(Sigmund Freud)和荣格(Carl Gustav Jung)使用性、死亡或祖先原型(ancestral archetypes)之类的潜意识动机来反对基于生产力和文化环境的历史阐释。格奥尔格(Stefan George)的弟子们轻视历史进程和人民大众,他们很快认识到,相较于诗歌,传记更适合作为传播他们信条的天然媒介。

1920年贡多尔夫(Friedrich Gundolf)自己书写了格奥尔格的传记,der Gesamtmensch[所有人],eingefleischte moderne Protestanten[都变成根深蒂固的现代新教徒],只有歌德(Johann Wolfgang von Goethe)和拿破仑(Napoleon Bonaparte)除外,他们身上有一种真正的古典性格,与蒙森(Theodor Mommsen)和维拉莫维茨(Ulrich von Wilamowitz–Moellendorff)大不相同。

[2]说实话,史书与传记之间的希腊式区分,远没有像迈耶的例子似乎证明的那样得到普遍接受。迈耶直率地陈述说,aber eine eigentlich historische Tätigkeit ist sie [Biographie] nicht[但是一项真正的历史性活动不可能被写进传记],①这种观点即便在当时也只是特例。16世纪以来,流行的史学方法论都认为传记自然应当是史书写作的一种合法形式。我在每个世纪只举一个例子。博丹(Jean Bodin)在《历史知识方法简论》(Methodus ad facilem hostoriarum cognitionem,1566)中区分了一个人的历史与整个民族的历史,他用普鲁塔克立论,同样也用李维立论。一个世纪之后马斯卡蒂(Agostino Mascardi)《历史学的技艺》(Dell'arte historica,1636)把Vite[传记]纳为史书的诸多分支之一,其他还有Effemeridi[历法]、Annali[纪事史]、Cronache[编年史]和Commentari[史书注释]。18世纪的马布利神甫(l'Abbé de Mably)则承认普鲁塔克是historein des moeurs[道德历史学家]的典范。②

在这三个世纪中,人们几乎毫无争议地承认传记是史书的一种

---

① *Kleine Schriften* (1910) 66.
② *De la manière d'ècrire l'histoire* (ed. 1784) 10.

类型,取代了传记与史书之间的希腊式区分。这种处理方式在 19 世纪看来过于简单。这也难怪,当普世史(universal history)被解释为观念或者生产方式的发展时,记叙个别人物的生平有什么意思呢? 即便像德罗伊森(Johann Gustav Droysen)这样思想敏锐又经验丰富的历史学家,也感到很难再声援传记。他的《史学概论》(*Historik*)讲稿中有一段醒目的文字,区分了可以写进与不可以写进传记的人物。他强调说,谁要是想写恺撒(Caesar)或者腓特烈大帝(Frederick the Great)的传记,那他一定是疯了,因为这两个人都属于史书;但是阿尔喀比亚德(Alcibiades)、博尔贾(Cesare Borgia)、米拉波(Honore – Gabriel Mirabeau)这些人就是"彻头彻尾的传记人物"了。① 换言之,冒险家、失败者、边缘人物才是传记的主题。[3] 布克哈特(Jacob Burckhardt)不会同意这种观点:对他来说,传记和自传的发现乃是意大利文艺复兴对人的发现的一个本质部分。然而伯伦汉(Ernst Bernheim)教授在《史学方法论》(*Lehrbuch der historischen Methode*)中表达了对传记作家的不信任,这更加典型地代表了当时的流行看法。

如果历史学家不能确定该把哪些东西留给传记作家的话,就不该抱怨传记作家从史学那里索取越来越多的东西。传记作家的后台有布克哈特,有尼采(Friedrich Nietzsche),有弗洛伊德,有格奥尔格。他们声称得到了雅典和罗马的支持,起码布鲁姆斯伯里派(Bloomsbury group)是支持他们的。罗素(Bertrand Russell)作为反战作家在 1918 年被关进国王陛下的大牢,有人听见他在读《维多利

---

① *Historic* (ed. 1937) 292.

亚时代四名人传》(*Eminent Victorians*)的时候笑语不断。墨索里尼(Benito Mussolini)把路德维希当成了自己的埃克曼(Johann Peter Eckermann),他的情妇萨尔法季(Margherita Sarfatti)给他写了一本圣徒传式的传记,但他觉得还不够。帕皮尼(Giovanni Papini)皈依天主教的时候写了一部路德维希风格的基督生平,以此向世界宣告他的改宗。

德国教授们在《史学杂志》(*Historische Zeitschrift*)上用感性的文字齐声抗议,反对他们称之为 Historische Belletristik[历史小说]的东西。蒙森的一个亲戚写了一篇论文反对路德维希。柯林武德(Robin Collingwood)对布鲁姆斯伯里派的所有思考和言论都十分敏感,他的反应是一再复述迈耶对传记的诅咒:

> 除了思想以外,任何事物都不可能有历史。因此,比如说一部传记,不管它包含着多么多的历史,都是根据那些不仅是非历史而且是反历史的原则而构成的。①

克罗齐(Benedetto Croce)则平静地提醒他的读者,"路德维希这样的作家就是历史编纂学中的维罗纳斯(Guido da Veronas)",②维罗纳斯是20世纪初半言情、半色情的二流小说家。然而克罗齐的理论立场要比他这句玩笑所暗示的模糊得多。尽管他自己就是一个积极的传记作家,但他提出的很多想法势必会动摇使传记成为可能的任何信念。[4]他在文学批评中把一位作家的生平信息与

---

① *The Idea of History*, 304. [译注]译文引自柯林武德,《历史的观念》(增补版),何兆武、张文杰、陈新译,北京:商务印书馆,2010,页300。

② *Storia della storiografia italiana nel sec. XIX* II, 3rd ed., 282.

艺术个性截然区分开来，认为前者与后者绝无干系，他写但丁和莎士比亚的书就是证明。他曾经强调说，普通史书中重要的是事件，而非人的意图。他甚至更为激进地否认人类个体的存在，按照他的说法，真正存在的只有普世精神（Universal Spirit）。如果克罗齐的思想前后一贯的话，他就会像柯林武德那样，彻底否定传记有任何存在的权利。

我恰巧出身于一个在20世纪早期致力于传记写作的家庭，这些传记作品水准很高，而且带有强烈的学术责任感。斐利斯（Felice Momigliano）为意大利统一运动中许多人物所写的传记式文章还算不上完全的传记，但是起码其中的一篇，即1901年发表的对马志尼（Giuseppe Mazzini）和卡塔内奥（Carlo Cattaneo）心理的比较，在当时乃是开创性作品。斐利斯还很偶然地成了托尔斯泰（Lev Tolstoy）的传记作者，并且在思想上深刻影响了他的朋友皮兰德娄（Luigi Pirandello）。阿蒂利奥（Attilio Momigliano）论曼佐尼（Alessandro Manzoni）的专著分为两部分，出版于1915和1919年，理所当然地成为意大利文学批评的经典之作。另一位家庭成员杰莫洛（Arturo Carlo Jemolo）论克里斯皮（Francesco Crispi）的小书则展现出对种种复杂的心理状态和道德议题非比寻常的敏锐。早在1922年就用这样的心理学方法去研究一位饱受争议的意大利政治家，不仅大胆，也让人不安。

斐利斯于1924年逝世，走得太早以至于没有受到新形势影响。阿蒂利奥和杰莫洛停止写作传记。史书写作领域的一个重大国际危机变成我家庭圈子里的一个内部危机。欧卡迪奥（Eucardio Momigliano）是一位律师，法西斯主义断送了他本来一帆风顺的政治生涯,他出版了几本书,看起来受到了莫洛亚和路德维希的危险影响。它们被翻译成五六种语言,四十多年后的今天还在不断重印,显然证明了它们存在的权利。[5]但是当时看来这些书着实令人尴尬——就家族标准而言它们几乎就是一种背叛。

这些也许足以解释我早年对传记作品的态度。虽然我对个人研究非常感兴趣,但早年在对克劳狄(Claudius)和马其顿的腓力(Philip of Macedon)的专论里,我还是小心翼翼地避免简单罗列传记细节。在那些遥远的时光中我对古典传记也意兴盎然,早在1928年我就研究过希腊化时代硕果仅存的传记作家撒提鲁斯(Satyrus),并且为斯图尔特(Duane Reed Stuart)的《希腊罗马传记的时代》(*Epochs of Greek and Roman Biography*,1928)写过书评。稍后我还给《意大利科学、文学与艺术百科全书》(*Enciclopedia Italiana di Scienze, Lettere ed Arti*, 1929—1933)写过普鲁塔克和苏维托尼乌斯(Suetonius)的词条。在回顾过去三十五年甚至更长时间的时候,我必须承认,对缠绕在古典传记身上的那些纷繁复杂而又严肃重要的问题,我是尽力避免牵涉其中的。

现在我以古稀之年回归古典传记,不完全是因为认识到在我年轻时最为困难的这一史书分支现在已经变成最简单的了而回来忏悔。传记在学者中间从没有像现在这样受欢迎,这样被尊重,这样毫无争议。即便在18世纪普鲁塔克被奉为宗师的全盛时期,传记在一般历史学家特别是古代史专家中的流行程度也远远无法与现如今媲美。这种全体一致甚至延伸到马克思主义历史学家身上。谁能想到普鲁塔克居然成了马克思列宁主义历史学家的亲密朋友?最近几年阿维林采夫(S. S. Averincev)和其他俄国学者不仅是争先恐后,简直是激情四射地在《古代史通信》(*Вестник Древней Истории*)和其他一些地方研究普鲁塔克。

传记新近一次流行的原因有很多,部分是因为当代传记已经分化成很多类型,能够满足不同的需要。传统文化史学家依然能从凯基(Werner Kaegi)不朽的布克哈特传记那一类老式杰作中获得无限愉悦,[6]心理学家有他们的埃里克森(Erik Erikson),非马克思主义者可以在理论上——当然不一定在实践上——转向帕斯卡尔(Roy Pascal)。这成千上万的传记,我们古代史专家称之为"群体传记学"(prosopography),近现代史专家(至少在英国)称之为"纳米尔史学"(namierization of history),为社会史学家提供了大量新材料。

更为重要的可能是这样一个负面事实:由于日益纯粹化和复杂化,满腔热忱的社会史正在变得越来越棘手。所有以仰慕之心追随高等研究实践学院第六部(Sixième Section of the École des Hautes Études)实践的人都该感到奇怪,这样一种对社会发展的显微镜式研究,能够无限地从事下去吗?生活的位面不可胜数,史学家有可能把他们全都数尽吗?在这种不确定的形势下,一篇传记看起来起码还代表着某种可以限定的东西。无论我们这些古代史专家如何反对对于罗马政治的群体传记学研究,它起码还能提供坚实的材料:生涯和家庭联系都是事实。传记在史学研究中获得了一个模糊不清的地位,它可能是一种社会研究的工具,也可能是逃离社会研究的手段。

时至今日似乎已经没有人怀疑传记乃是一种史书。也许我们最好回到传记的发明者古希腊人那里去,问问他们为什么从来都不把传记当成史书。传记在当今史学中的新地位直接导致了一些新问题,也该提出来问一问。我们要问与传记有关联的自传在古代世界地位如何,这个问题在 20 世纪史学中同样存在。我们要问是哲学的哪一部分塑造了古代传记的样式,当然同样的问题在近现代传记中也同样存在,狄尔泰(Wilhelm Dilthey)第一个做出回答。

　　传记在当代史学研究中的新特权地位本身就自相矛盾,这招致了很多问题以及质疑。[7]研究传记自身发展的历史,以及它与史书之间不断变化的关系,我们就能扩大问题的范围,澄清我们的质疑。对于传记这一令人惊叹的非凡事物的起源,我在这些演讲中只能提出一些事实和一些猜测。至少我会努力不回避困难、不掩饰无知,无论这种无知是由于我个人,还是由于证据的缺乏。

第一章 当代的古典传记理论

一

[8]概述古希腊、拉丁传记的时候我们所面临的第一个问题就是,我们对它的了解严重不均衡。我们尤其不了解传记起源的公元前5和前4世纪,以及传记研究最为精深的公元前3和前2世纪的情况。这就意味着对我们而言,相较于古代政治史书,古代传记(暂且把近东排除在外)的情况大不相同。

我们拥有一些公元前5和前4世纪的基础性古典政治史书——希罗多德、修昔底德和色诺芬,尽管我们佚失了赫拉尼库斯(Hellanicus)、埃弗鲁斯(Ephorus)和泰奥庞普斯(Theopompus)。但是我们没有任何公元前5世纪的传记或自传文学,不得不依靠伊索克拉底(Isocrates)的《埃瓦戈拉斯》(*Euagoras*)和色诺芬的《阿格西劳斯》(*Agesilaus*)——这两部作品都自称为encomia[颂词]——以及色诺芬的哲学小说《居鲁士的教育》(*Cyropaedia*),去管窥公元前4世纪传记的某些方面。

公元前3世纪的普通史书——包括亚历山大大帝(Alexander the Great)继业者们的历史学家卡迪亚的希罗尼慕斯(Hieronymus of

Cardia),以及西方世界的历史学家托洛曼尼翁的蒂迈欧(Timaeus of Tauromenium)——几乎全部佚失了;公元前3世纪传记起源作品的缺失情况同样惨重,只有1912年从《奥克西林库斯古卷》(*Oxyrhynchus Papyrus*)中发现的撒提鲁斯的欧里庇得斯(Euripides)传记残篇是个例外。[9]但是我们对公元前4世纪历史学家的著作尚且了解不少,也能通过公元前2世纪的波利比乌斯重新拾起线索,这一事实多少减缓了公元前3世纪普通史书佚失的灾难程度。但是在传记这一边,没有现存的公元前2世纪传记能提供同样的帮助。

我们现有最早的传记集出自奈波斯(Carnelius Nepos),他是西塞罗的同代人,用拉丁文写作。接着就是大马士革的尼古拉斯(Nicolaus of Damascus),他的奥古斯都(Augustus)传记和他本人的自传都有残篇传世,内容清晰连贯,真实性毋庸置疑;他在撒提鲁斯之后,足以成为直接传到我们手中的希腊化时期传记和自传写作的最早例证。尼古拉斯也是我们所知最早写作连续的普世史、传记和自传的作家。希腊化时代的博学家们(érudits)写作诗人、演说家、哲学家等人传记材料的活动,几乎全部都是通过后来的摘要(summary)、汇编(compilation)和评注(scholia)才为我们所知晓。关于君王的专论(monographs)在希腊化时期非常常见,但也全部佚失了,这些作品包括最早论亚历山大大帝的史书,以及公元前3世纪作家赫米普斯(Hermippus)的作品,他谈论过一些激动人心的主题,诸如"从哲学家变成了僭主和专制统治者之人的生平"。

一般而言,在古代传记的各个时代中,我们唯一对其原创性作品有直接了解的就是罗马帝国时代。说起古代传记我们首先想起的几个名字——普鲁塔克、苏维托尼乌斯、拉尔修(Diogenes Laertius)、斐洛斯特拉图(Philostratus)、《罗马君王传》(*Scriptores Historiae Augustae*)——都属于帝国时代。此外,传记明显在君士坦丁(Constantine)时代之后变得重要起来。罗马晚期传记的主题是异教的哲学家和智者、基督教的圣徒和殉道者,想要从中得出希腊和希腊化时期传记的清晰概念是不可能的,在这方面它还不如罗马帝国早期的英雄传记。当然,希腊化时代传记与罗马晚期传记在技巧和内容上具有相当大的连续性。[10]但是罗马晚期传记反映的是一个皈依的时代,而诺克(A. D. Nock)教导我们,要把皈依视为基督教纪元的新特色。

二

近代学者尝试使用各种办法克服传记早期历史中的证据匮乏问题。毫无疑问,以维拉莫维茨《卡里斯图斯的安提戈诺斯》(*Antigonos von Karystos*)为代表的史源批判(source criticism)有助于我们辨识后世文献汇编中属于希腊化时代的史料。在维拉莫维茨之后,他的学生和对手施瓦茨(Eduard Schwartz)在《大保利古典学百科全书》(*Real - Encyclopädie der classischen Altertumswissenschaft*)的文章中对拉尔修的史料来源进行了一次堪称范本的分析。但是维拉莫维茨和施瓦茨都不曾尝试去概括希腊化传记的一般特征,或者去为其先辈修史。列奥(Friedrich Leo)试图定义希腊化传记的基本样式;布伦斯(Ivo Bruns)则研究了前希腊化时期文学中人物描述方法的发展;米什(Georg Misch)尝试要给希腊和罗马的自传写一部通史;最近,迪勒(Albrecht Dihle)试图把希腊传记的起源追溯到苏格拉底及其弟子那里去。

列奥、布伦斯和米什是三个伟大的名字,他们纵论古代史学的著作是维拉莫维茨时代德国学术的伟大成就。就我而言,我永远忘不了四十年前作为一个大学生第一次阅读他们作品时感受到的震撼。迪勒的著作是另外一个时代和层次的作品,但依然有其用处。然而当务之急是重新检验这些学者建构他们大厦的基础。我认为做这件工作最好的办法,就是先单独勾勒出现存传记证据所暗含的最明显的问题,然后看看这些问题在多大程度上不同于布伦斯、米什、列奥和迪勒提出的问题。

三

[11]对一个人从出生到死亡的一生的记叙,我称之为传记。这个定义并不深刻,但优点是可以平息所有关于传记到底该怎么写的争论。传记应该是什么并不由传记历史的研究者决定,然而他可以有所偏好。赛耶(William Roscoe Thayer)在《传记的艺术》(*The Art of Biography*,1920)中说的也许是真的——"传记的演变有一个恒常的方向,就是从外在转向内在",但这是一种假设,需要论证。

对我们的目标而言更为重要的是,我们的定义能使我们自由地去研究传记的史前史这种全新文学体裁的构成元素。可能有人反对说,不知是幸运还是不幸,没有哪个人曾经成功地,或者说甚至尝试过,去把他一生中的所作所为全部记录下来。不过看起来这就是传记自相矛盾的特征所在:它永远只能给出 partem pro toto[整体之一部],它永远只能通过"选择性"(selectiveness)来实现"完整性"(completeness)。

我必须加一句,我很怀疑是否像一些人坚持的那样,"不完整性"(incompleteness)乃是传记和其他所有史书记叙的共同特征。我相信,我可以构建出一些史学主题,是历史学家在记叙其相关事实时不必进行选择,甚至有义务不去进行选择的。一篇以但丁写过哪些书为主题的史学研究,必须而且能够穷尽它所涉及的事项。但是,既然所有传记都注定是选择性的,我们也就不能把传记与自传区别开来,后者是一个人对自己正活在其中的生活的记叙。除非相信通灵或者预言,自传不可能包括一个人从生到死的一生。但是像普通传记一样,自传也可以把表现某人完整的一生作为目标。

在古典世界中我们还必须谨记,希腊人和罗马人书写神和英雄,他们有生但是无死,或者至少他们的死亡只是一个新活动时期的开始而已。[12]我们最终还是要把神和英雄撇在一边,因为他们并不是现实存在的生命。但是我们不能忽略这一前提:神和英雄的传记首先出现,并且影响了人的传记。

第一个问题是,最古老的希腊传记和自传产生于何时。这个问题后面会详细解答,但在此阶段我们可以猜测,传记写作的最早尝试出现在公元前 5 世纪。1962 年霍麦尔(Helene Homeyer)教授在《古典学术》(Philologus)上发表了一篇很有价值的论文,提出希罗多德的书中包含了多篇传记。其他证据也支持她的观点,即公元前 5 世纪的希腊人已经认识传记。

这就引出了我们的第二个问题。传记的出现与普通史书的出现在时间上相差不远,这很明显不是一种巧合,然而在古典世界,传记从不被认作一种史书。传记与史书的关系在不同时代是不一样的。我们必须同时考虑它们的彼此分离以及它们之间变化着的相互关系。顺便提一句,这更为严谨地解释了亚里士多德的陈述,即一项具体事实(a particular fact)是阿尔喀比亚德做了什么,或者他遭遇了什么(《诗学》[*Poetics*]9)。

第三,虽然我们在公元前5世纪就已经听说过传记,也许还有自传,但是传记成为一种明确的观念并得到一个贴切的名词,则是在希腊化时代。这个名词就是 bios,而不是 biographia,它第一次出现在达玛西乌斯(Damascius)的《伊西多尔传》(*Life of Isidorus*,公元5世纪末)残篇中,此书被弗提乌斯(Photius,9世纪)保存在他的《图书集成》(*Bibliothecu*)181 和 124 里而得以传世。因此我们必须把希腊化时代传记观念的明晰化作为一个问题。这包括研究传记(bios)和颂词(encomia)在希腊化时代理论与实践中的关系。

第四,我们一定不能预先假设,传记一成不变地意味着对某个与其他所有人都不相同的个别人的一生的描述。[13]个性的观念无疑建立在近代欧洲语言的基础上,我很怀疑它能不能被恰当地翻译成古希腊语。实事求是地说,我们会不由得想到希腊罗马传记作者经常会写作一系列同一类型人物的传记,比如将军、哲学家、煽动家等。因此他们看上去更关心类型,而不是个体。

第五,希腊人区分了史学(history)和博学(erudition),区分了他们称之为"探究"(historia)的东西和他们不甚清晰明确地称之为"博古"(archaeologia)或"语文"(philologia)、罗马人翻译成"古事"(antiquitates)的东西。这种区分绝非一清二楚、不言而喻的,但它确实存在,我很久之前在沃堡研究院的一次演说中追溯过它的嬗变过程。① 这两类体裁的基本区别在于,史学主要关注政治和军事上的重大事件,而且是按照年代顺序写成的;而博学关注几乎其他所有东西,从人物名讳到宗教仪式,更偏向体系化的概述而非编年顺序。也因此,从希腊语和罗马语的词义出发定义史学与传记的关系远远不够,我们还必须问一下传记与博学之间的关系。这个问题值得一问。

"传记"这个名词并不专一表示某个个人的生活,它还被用在一个国家的生活上。在希腊罗马时代存在过一些作品,诸如 βίος Ἑλλάδς[《希腊人的生活》]、vita populi romani[《罗马人的生活》],毫无疑问具有"古事"的特征。此外我们知道,希腊化时代的传记因为与语文学(philology)评注和综述相结合而得到发展,比如卡里马科斯(Callimachus)的《各科著名学者及其著作目录》(Pinakes),我们在其中发现了传记与语文学之间紧密的联系。

但是需要加以审视的一个最重要事实就是,古代传记并不一定遵循编年顺序,即便是近现代传记,编年顺序也不是必要特征。[14]有一种颇具特色的古代传记类型,列奥把它定义为苏维托尼乌斯型,它表面上与博学作品的系统化结构具有相似之处。

最后,第六,我们必须再次面对传记与自传之间那无法确定、模糊难明的关系。如果说"传记"虽然出现在古代晚期但依然是个希腊名词的话,那么"自传"压根就不是希腊名词而是近现代的发明。

---

① 现收录于我的《历史编纂学研究》(*Studies in Historiography*, 1965),页 1–35。

根据《牛津英语辞典》(O. E. D)，英语中第一次出现自传是在 1809 年，使用者是骚塞(Robert Southey)。而据我所知，"自传"一词另有一个更为有趣的起源。1796 年伊斯雷利(Issac D'Israeli)的《杂文或文学散记》(Miscellanies or Litarary Recreations)中有一章是"对日记、自我传记(self-biography)和自我性格的观察"(页 95 - 110)。伊斯雷利这本书的评论者注意到"自我传记"这个词，并在《每月评论》(Monthly Review 24 [1797])上评价说：

> 我们怀疑后面这个名词是否合法……但是"自传"(autobiography)看上去又过于迂腐。

貌似这位《每月评论》上的无名作家最早发明了"自传"这个名词。然而最终证明过于迂腐的是伊斯雷利喜欢的那个名词——自我传记。格林兄弟(Brothers Grimm)1853 年用德语编写的《词典》(Wörterbuch)没有收录这个词。1866 年的《拉鲁斯辞典大全》(Grand Dictionnaire Universel Larousse)宣布：

> 这个词虽然源自希腊，却是英国人编造出来的。

古希腊与此最近似的就是 περί τού ιδίον βίον καί τής έαυτού αγωγής[论自我传记和自我教育]，这是《苏达辞书》(Suda)中大马士革的尼古拉斯为其自传所起的标题。这个标题无疑出自作者本人，因为共和时代某些罗马人(例如斯考鲁斯[M. Aemilius Scaurus]，115 年与卢提利乌斯[P. Rutilius]共同执政)会把他们的回忆录起名为 De vita sua[我们的生平]，正好与此相符。看起来起码在希腊化时代晚期和罗马帝国时代早期，自传类作品是被归入 bios、vita 类别的，换言之,它们被当成传记。

但是信件、演说、评论($ὑπομνήματα$, commentarii)以及游记在功能上都有自传的性质。[15]它们肯定出现在形态完全的自传之前,需要我们加以研究。维拉莫维茨和列奥否认希腊人知道自传。列奥说:

> 希腊人没有自传的原因就隐藏在希腊精神的类型化倾向之中。①

我很好奇如果列奥把正规传记之外的希腊自传材料算进去的话,他还会不会这样说。与传记和自传的关系相联系的一个重要问题是,能否指望古代作家在写作其他人生平的时候,会比写作他自己生平时更加客观、更加谨慎地对待事实、更不倾向于赞扬或者责备。这里我们必须再一次警惕近现代的思维方式。现在的自传都是一些极其主观的自我表述。我们希望在自传中看到自白,而不是真实信息,而在传记中则希望看到客观信息而非主观的滔滔不绝。古代传记和自传写作最基本的一些事实警示我们,希腊人和罗马人很可能并非如此。"传记"和"颂词"之间有着非常密切的关系,可能还不止于此。同时自传式评论的写作经常具有直接目的,历史学家可以把它当成原始材料。在传记作家可以很轻易变成颂词作家的地方,自传作家要受到事实的约束,起码在某些例证中是这样。

以上包含了六个根本性问题:

---

① *Geschichte der röm. Literatur* I (1913) 342.

(1) 最早的希腊传记和自传是何时出现的?

(2) 古代世界中的历史和传记究竟具有怎样一种关系?

(3) "传记"的观念究竟如何在希腊化时代形成?

(4) 自传是如何在与传记的联系中发展起来的?

(5) 个体传记(individual bios)和集体传记(collective bios)之间究竟存在怎样一种关系?

(6) 传记在何种条件下属于博学而不是史学?

[16]背景中还存在其他问题,但是现在都能很容易地加进去。例如:如果不是一点没有的话,罗马人对古典传记和自传的发展做出了哪些特殊贡献?又或者(虽然这个主题在后文中不会被提起)基督徒接手之后传记和自传究竟发生了怎样的变化?

这些问题与布伦斯、列奥、米什和迪勒所提出的问题只有部分一致。我会先考察布伦斯,然后是迪勒,然后是米什,最后是列奥,马上就会讲到这样做的理由。

大家都知道1896年布伦斯出版了《基督降生之前第五和第四世纪希腊人的人物描述文学》(*Das literarische Porträt der Griechen im fünften und vierten Jahrhundert vor Christi Geburt*),并在1898年再版时增补了短篇论文《古代史书中的人物》("Die Persönlichkeit in der Geschichtsschreibung der Alten")。简而言之,这部书第一卷的目标是发现古代阿提卡作家如何描绘和欣赏个人。第二卷的意义可能比第一卷更加重要,布伦斯发展了以下论题:修昔底德和李维这样的历史学家间接地刻画了人物,而其他历史学家——像写作《长征记》(*Anabasis*)的色诺芬和波利比乌斯——则通过直接的人物刻画和评判表达对具体历史人物的看法。虽然李维从未说起他对大西庇阿(Scipio Africanus Major)的观感,但是他搜集的事实表达了一种印象,波利比乌斯则直接表达了他对大西庇阿的评判。虽然布伦斯承认李维也有例外(例如《建城以来》39 中有名的对加图[Cato]的直接描述),但他还是总结说年代史(annalistic)作家如修昔底德和李维更喜欢间接描述,而专论、传记和自传则更适合直接的方法。

布伦斯受布克哈特影响,他想知道古代世界是否——像布克哈特所认为的文艺复兴时代那样——了解并欣赏个人。这个问题倒也不算离题太远,但是它一方面太模糊,另一方面又太精确了。说它太模糊是因为布伦斯从未试图解决传记或自传的起源问题,虽然它们完全符合他的年代顺序条件。[17]鉴于布克哈特认为传记和自传在文艺复兴时代对人的发现中发挥了重要作用,这是很令人惊讶的。换一个角度来说,布伦斯的问题又过于精确了。我已经暗示过,我们没理由相信诸如人物描述文学(literarische Porträt)、个性(Individualität)和人物(Persönlichkeit)以及其他一些名词能够被直接翻译到希腊罗马世界里去而不需要大费周章的解释,无需解释是不可能的。

我把迪勒的《希腊传记研究》(*Studien zur griechischen Biographie*,1956)放在布伦斯之后,因为我感觉迪勒继承了布伦斯对希腊个人主义问题的态度,此外他还受到了贡多尔夫的影响。迪勒假设说传记需要受到伟大人物的启发才能被发明出来,他认为这个人就是苏格拉底。苏格拉底的学生们搜集能够表现苏格拉底个性的蛛丝马迹,最终由漫步学派(Peripatos)确立了传记的形式。

但就像我们即将看到的,现有证据倾向于得出这样的结论,即传记和自传在苏格拉底去世一百年之前就已经存在了。同时我们也不知道任何苏格拉底的弟子——包括亚里士多德——是否写作过苏格拉底的生平。传世的柏拉图和色诺芬的辩护词以及色诺芬的《回忆苏格拉底》(Memorabilia) 都是传记史上不可忽视的一页，但都不是完全意义上的传记。许多早于苏格拉底，更远远早于苏格拉底学派(Socratics) 的作家就已经写作过辩护词，还可能写过言行录。迪勒正确地强调了苏格拉底学派在传记和自传发展史上的重要性。我自己的研究也支持他的观点。但是苏格拉底并没有启发传记的发明，苏格拉底学派也没有在传记艺术的发展史上铸就不朽的丰碑。

近现代的前提假设在米什的《自传史》(Geschichte der Autobiographie) 中更加明显。这本书的第 卷出版于 1907 年，立即被维拉莫维茨誉为杰作。① [18] 米什在第二次世界大战期间作为难民在英国修订并且在很大程度上重写了这本书，但是我们必须回到第一版中那些他真正喜爱的、激励着他的思想上去。

米什是狄尔泰(Wilhelm Dilthey)的学生和女婿，他把自传定义为一部"人类自我觉醒的历史"，②明显受狄尔泰影响。因此米什并没有把自己限定在我们称之为自传的那一类作品里，他甚至否认我们有权在真正的自传、某人对自己时代的回忆录和日记等事物之间

---

① 把维拉莫维茨在 Internat. Wochenschbrift für Wissenschaft I (1907) 1105 – 1114 上的评论与雅各比在 Deutsche Literaturzeitung 30 (1909) 1903 和 1157 上的评论做一比较别有一番趣味。稍后耶格尔(J. Jaeger) 在 Speculum 28 (1953) 405 – 410 上评论了米什著作的第二版，此文重印于 Scripta Minora II (1906) 455 – 462。

② History of Autobiography I (1950) 8.

划出一条界线。他检验了所有与个人元素有关的诗歌和散文,无论它们的性质或目标是什么。他把西塞罗(Cicero)和塞内卡(Seneca)的信件也算了进来,并给予奥勒留(Macus Aurelius)的《沉思录》(εἰς ἑαυτόν)以极高的评价,虽然他知道除了第一章以外它并不具备自传的性质,全书属于"独语录"(soliloquia)这种文学体裁。到此为止的成果是一些令人意兴盎然的东西:它阐明了古代人如何感受自己,但是作为自传的历史它实在让人疑惑。恺撒的《高卢战记》(Commentariie)(起码很大一部分)是自传性的,但很难说它是一篇自我觉醒的文学。约瑟夫斯(Flavius Josephus)的自传是我们所能找到最早的原创样式,很明显是用于自我辩护的。第一部完美结合了自传信息和自我意识觉醒的作品当属圣奥古斯丁(St. Augustine)的《忏悔录》(Confessions)。但是这就意味着米什的这部"古代自传史"作为一部自我觉醒的历史恰恰就在它应该开始的地方结束了。

列奥的《文学样式视角下的希腊罗马传记》(*Die griechisch - römische Biographie nach ihrer literarischen Form*,1901)不那么令人激动,但最为持久。列奥从苏维托尼乌斯和普鲁塔克开始,并证明他们的作品代表了传记的两种不同类型。苏维托尼乌斯型结合了按照年代顺序讲述的故事和对个人性格与成就的系统论述,很自然地适用于作家的生平。[19]普鲁塔克型是对事件简单直接的年代记叙,非常适合讲述将军和政治家的生平。列奥的观点是,普鲁塔克型传记由早期漫步学派发明,用来讲述政治家的故事;而苏维托尼乌斯型则是亚历山大里亚的文法家在漫步学派的教导影响下发明的。列奥还认为,苏维托尼乌斯主要是一位文法家,他不仅用这种类型来书写文学家,而且还书写罗马皇帝的生平。

列奥重构的传记史遭到了越来越多的批评。1927年吉伦班德(Woldemar Graf Uxkull – Gyllenband)做了一次十分微弱的努力,他试图证明普鲁塔克型传记并不是受亚里士多德的启发,而是在帕尼提乌斯(Panaetius)和波塞多尼乌斯(Posidonius)的启发下出现的。① 据我所知帕尼提乌斯和波塞多尼乌斯都没有写过传记,虽然帕尼提乌斯在他巨著中讨论哲学的部分里确实探讨了一些传记式的细节。

魏茨泽克(Weizsäcker)在1931年、② 施泰德(W. Steidle)在1951年③试图否认或者弱化列奥对两种传记基本样式分析的重要性。魏茨泽克观察到,即便是普鲁塔克型也不都是按照年代顺序组织的——这倒不假,并就此总结说它与苏维托尼乌斯型在本质上并无不同——这就值得商榷了。施泰德对苏维托尼乌斯型传记的特定特征进行了更为复杂的分析,他试图指出其中哪些是罗马人特有的,并把它们作为次要的、不相干的样式特征排除掉,而这些正是列奥认为意义重大的东西。施泰德指出苏维托尼乌斯按照罗马价值观来评判罗马皇帝,这很对,虽说也不令人意外,但是他总结说苏维托尼乌斯的《罗马十二帝王传》(Caesars)对普通政治史书的改动远远不如普鲁塔克的英雄传记大,这就有失偏颇了。

[20]列奥的分类中依然真实的是,它证实了苏维托尼乌斯受到了博学方法的影响,而普鲁塔克则更加接近于政治史书。对列奥的其他批评,像巴尔布(N. I. Barbu)就更加保守地强调普鲁塔克作为

---

① *Plutarch und die griechische Biographie.*
② *Untersuchungen über Plutarchs biographische Technic.*
③ *Sueton und die antike Biographie.*

史学家的权利,虽然普鲁塔克宣称自己不是。①

列奥的著作提出的真正问题是,我们是否有权让漫步学派承担发明传记的重任。很多证据显示某些希腊传记出现的时间很早,列奥当然非常熟悉它们之中的绝大部分,但他被围绕在早期漫步学派身上的种种谜团搞得神魂颠倒。有足够证据显示,早期漫步学派搜集过传记素材,书写过确确实实的传记,并且总体上促进了我们所称的亚历山大里亚学派学术。但是任何仔细阅读了列奥著作中论述漫步学派章节的人都会承认,列奥把亚里士多德当成了一位古代的蒙森,敦促他的学生们去完成他已经没有时间完成的事业,并为发展新的知识门类创造条件。这从侧面反映了从莱布尼茨(Gottfried Wilhelm Leibniz)到洪堡(Wilhelm von Humboldt)和尼布尔(Barthold Georg Niebuhr)再到蒙森及其弟子——列奥喜欢把自己视为其中之一——的德国学术理想的生命力。《科学工作的组织》(*Die Organisation der wissenschaftlichen Arbeit*, 1884)是乌森纳(Hermann Usener)论述柏拉图学派(Academy)和漫步学派的著名论文的标题,列奥对它非常熟悉。②

> 希腊科学就这样被创造出来,如我们现在所见那样,这项工作历经了两代人,严格来说是两个人,柏拉图和亚里士多德,这是智识活动的神奇组织的结果。

---

① *Les procédés de la peinture des caractères et la vérité historique dans les biographies de Plutarque*, 1934.

② *Vorträge und Aufsätze*, 2nd ed., Leipzig – Berlin 1914, 67 – 102 = *Preussische Jahrbücher* 53 (1884) 1 – 25.

[21]传记和自传可能诞生在粗心大意的伊奥尼亚水手或者面目可疑的肤浅之辈和诡辩家中间的想法,对于那些自认为继承了亚里士多德智识传统的大人物来说是没有什么吸引力的。

布克哈特、狄尔泰、格奥尔格、蒙森(或者不如说是蒙森眼中理想的柏拉图学派)都对希腊传记研究做出了贡献。布伦斯受布克哈特启发,米什受狄尔泰启发,迪勒受格奥尔格启发,列奥受巫森纳和蒙森启发。

这样就清楚了,年代顺序是评估古代传记的历史时最为重要的问题。1928 年斯图尔特在萨瑟讲座(Sather Lectures)上发表《希腊罗马传记的时代》时可能已经意识到了这一点,但是他在搜寻公元前 5 世纪传记的起源时有些三心二意。我之前说过,霍麦尔教授搜集到许多相关证据,我们亏欠她一个更为精密的分析。①

我想我能在霍麦尔教授搜集的证据中加入几点事实。但是首先我想把注意力集中到公元前 5 世纪希腊史学研究的复杂起源上,以此为例来说明传记的诞生。作为一种强大的动机,"好奇"(curiosity)对史学研究的最古老形式的决定性作用远远比当代学术界所准备接受的重要得多。希罗多德会点头赞同鲍文(Catherine Drinker Bowen)的格言:"史学在本质上是激动人心的。"②1934 年朗埃克(Mark Longaker)很敏锐地观察说:

> 现在的读者们更加经常地阅读传记,因为他们对自己产生

---

① *Philologus* 106 (1962) 75–78.
② *The Writing of Biography* (1950) 3.

了兴趣。①

这并不一定适用于古代读者。我首先就怀疑希腊读者并不是因为对自己有兴趣才去阅读传记。他们想了解英雄、诗人、非同寻常的人,比如国王和僭主。[22]他们喜爱传记仅仅就像喜爱异域风情一样。但是,后来同样是希腊读者把传记当成了一面反映人类天性的镜子。传记并不一定非要变得更加关切精神方面的事物,但它确实变得踌躇满志了。

---

① *Contemporary Biography*, 11.

第二章 公元前 5 世纪的传记和自传?

一

[23]什么能被恰当地认定为在希腊化时代完全发展起来的传记和自传的祖先？这个问题可能无法得到一个确定无疑的答案。任何使我们能对某个个人有所了解的诗歌或散文记叙都可以被当成传记的前身；任何对自我的陈述，无论是诗歌还是散文，都可以被当成自传的前身。从这个角度来看，传世的希腊史诗和抒情诗全部都是传记与自传的前身。① 但是看起来比较合理的是，把传记的前身限定在那些明确以单独的个人为记叙目标的作品或作品段落中（而不是那些把自己当成历史事件的一个演员的作品或段落）。同样，我会把对自传的前身（只是部分地）限定在那些记叙自我的过往生活而不是当下思想状态的作家当中。换言之，我倾向于把逸闻趣事(anecdotes)、言论集(collections of sayings)、单篇书信或书信集(single or col-

---

① 存世的某些自传体诗歌尚有疑点。色诺芬的 frag. I 8 Diehl² = 22diels⁶可能是这类自传的发端(H. Fränkel, *Dichtung und Philosophie des fühen Griechntums* [2nd ed. 1962] 372)。尚需参考 M. Untersteiner, *Senofane* (1955) 134。

lected letters)以及辩护词(apologetics)等作为传记与自传的真正前身。

[24]但是首先请允许我指出本来可能但却完全没有对希腊传记的诞生发挥作用的一些因素。我们理所当然地认为希腊人像其他民族一样,用葬礼演说和演唱来赞颂死者,这些都是潜在的传记。《伊利亚特》里面表现了很多葬礼挽歌,像安德洛玛刻(Andromache)、赫库芭(Hecuba)和海伦(Helen)对着赫克托耳(Hector)的遗体演唱的那些(24.720)。据信在梭伦(Solon)时代之前,雅典就已经存在以葬礼演说赞扬死者的风俗(西塞罗《论法律》[De legibus] 2.63)。埃斯库罗斯悲剧中的合唱队呼唤人们为死去的阿伽门农唱赞歌(《阿伽门农王》[Agamemnon]1548)。虽然没有证据显示任何类似于传记的东西直接由这些葬礼表演演化而来,但是公元前4世纪伊索克拉底以一种纪念演说的形式写就了他对埃瓦戈拉斯的颂词,如果这不是一项传统的话,那他就是利用了这个场合。

希腊贵族都热衷于家谱树,它能描述所有贵族家族。我们从米利都的赫卡泰乌斯(Hecataeus of Miletus)那里知道,追溯十五代祖先是很平常的事情。雅典的费雷西底(Pherecydes of Athens)告诉我们费莱岛(Philaidai)大家族的家谱(FGrHist 3 F2),希俄斯岛的赫费索斯(Heropythos of Chios)铭文[1]也很有名,它们表明在公元前5世纪除了斯巴达王室之外,希腊还有不少家族都把家谱追溯到了公元前9或前8世纪。但是这种对于家谱的兴趣看上去并没有导致一种相应的传记写作兴趣。就赫卡泰乌斯而言,他讲述的是关于他自

---

[1] SGDI 5656. 关于日期参见 L. H. Jeffery, *The Local Scripts of Archaic Greece*, (1961) 344。

己的故事,而不是他祖先的。公元前3和前2世纪的罗马贵族知道或者至少常常讲起他们在公元前5世纪的祖先,比起公元前5世纪的希腊贵族讲述他们两个世纪之前的祖先要多。

但是希腊人对过去的英雄——比如赫拉克勒斯(Heracles)、忒修斯(Theseus)和俄狄浦斯(Oedipus)——有着持久的兴趣,这与传记的起源有直接的关系。[25]诗人们讲述这些英雄生平中的种种场景。公元前5世纪早期的散文作品在这种神话传记上取代了诗歌,或者说对其进行了补充。举个最简单的例子,忒奥克利图斯(Theocritus)相信卡米卢斯的皮珊德(Pisander of Camyrus)是第一位"记叙那位宙斯之子、赤手屠狮之人完成的所有功业"①的古老诗人。皮珊德的史诗不太可能留存到公元前550年之后。② 雅典散文作家费雷西底无疑借用过他,此人似乎主要活动于公元前5世纪的前二十五年,虽然雅各比(Felix Jacoby)对这一年代的论证并不像他自己相信的那样扎实。③ 我们可以假设,可能写成于公元前6世纪晚期的诗歌《忒西斯》(Theseis)与费雷西底的相应段落之间存在同样的关系模式。对英雄生平的新兴趣同样反映在古风晚期的艺术上,德尔斐的雅典国库山墙上雕刻着忒修斯的一系列功业,明显是一种"按照年代顺序排列的英雄生平"。④

---

① *Epigrammata* 22,译自戈乌(A. S. F. Gow)。

② R. Keydell, RE s. v "Peisandros", 144; Wilamowitz, *Textgesch. d. griech. Lyriker*, 66 n. I.

③ F. Jacoby, *Abhandl. zur griechischen Geschichtschreibung* (1956) 116; H. T. Wade‑Gery, *The poet of the Iliad* (1952) 90.

④ G. M. A. Hanfmann, "Narration in Greek Art", *American Journal of Archaeology* 61 (1957) 73.

此外，人们对像荷马和赫西俄德这样古代诗人的个性充满了好奇。有一些关于赫西俄德的自传式细节，被后来的诗人竞相模仿。他与缪斯女神相会的故事成了巴门尼德(Parmenides)、卡里马科斯、恩尼乌斯(Ennius)、普罗佩提乌斯(Propertius)以及其他很多人的共同点，当然多少会有一点变化。对荷马与赫西俄德生平的各种猜测肯定在公元前5世纪之前就有了。

人们对赫拉克利图斯(Heraclitus)提到的荷马之死故事(*frag.* 56)耳熟能详。按照塔提阿努斯(Tatianus)的说法，生活在公元前5世纪之前的利基翁的德亚根尼(Theagenes of Rhegium)研究过荷马的生平（迪勒《前苏格拉底时代》[*Vorsokratiker*] I 51）。①
[26]对荷马和赫西俄德生平的研究或者说想象在公元前5世纪愈发流行。荷马后裔(Homeridae)家族非常可疑地宣称自己是荷马的后人，是这位诗人一个女儿的后代，他们可能在构建公元前5世纪两位诗人传说这件事上出过力。学者搜集前代传统，并且根据诗人自己的作品推测他们的生平。即便是修昔底德也对这样的传记式细节很感兴趣，他告诉我们，公元前426年雅典将军德摩斯忒涅(Demosthenses)率领军队驻扎在"尼米亚(Nemean)的宙斯神庙，据说诗人赫西俄德就是被这里的人杀死的，曾经有一则神谕告诉他，他将在尼米亚遭受这样的命运"(3.96)。

诗歌《赛诗》(*Agon*)的年代介于荷马和赫西俄德之间，尼采把它的作者确定为公元前4世纪的智者阿尔基达麦(Alcidamas)，1925

---

① R. Preiffer, *History of Classical Scholarship* (1968) II; cf. R. Cantarella, Parola del Passato 112 (1967) 1-28.

年出版的《密西根古卷》(*Papyrus Michigan*)最终证明他是正确的。这篇诗歌的文本在拜占庭传统中流传时曾被插补,其时间不会早于哈德良时期。迈耶①和维拉莫维茨②曾经一起反对尼采,《密西根古卷》证明他们错了,这事看上去有些滑稽,更滑稽的是迈耶已经敏锐地发现,阿里斯托芬的《和平》(*Peace*)1282-1283 影射了一幕同样在《赛诗》中出现的场景。迈耶已经隐约意识到,《赛诗》的作者使用的是那些曾经在公元前 5 世纪后半期广为流传的材料。

《赛诗》的结局毫无意外:赫西俄德战胜了荷马。赫西俄德在《工作与时日》(*Work and Days*)中吹嘘他在卡尔西斯(Chalcis)的胜利,但只字未提对手的名字。当传记作家们为了在两者之间找到联系而选择荷马来做赫西俄德的对手时,他们就不得不接受这一结局,承认赫西俄德具有荷马最好的那些优点。[27]阿尔基达麦对这两位诗人赛诗的传说做过哪些贡献尚不明朗,依然是争论的问题。③ 可能他的观点不外乎是赫西俄德应当受到称赞,因为赫西俄德是和平的诗人,而荷马是战争的诗人。这与阿尔基达麦给人的人道主义感觉很一致,他十分同情美塞尼亚人(Messenians)对斯巴达人的抵抗,并且声称自由人和奴隶的天性没有任何不同。

公元前 5 世纪读者感兴趣的另外一个话题就是所谓"七贤"

---

① *Hermes* 27 (1892) 378 n. 1.
② *Die Ilias und Homer* (1916) 396-439.
③ M. L. West, *Class. Quart.* 17 (1967) 433. V. Di Benedetto 在 *Rend. Accad. Lincei* 1969 上的论文驳斥了前者的某些观点。关于《密歇根古卷》2574 的更多书目参见 R. Pack, *The Greek and Latin Literary Texts from Greco-Roman Egypt*, 1965², p. 21 no. 76。

(Seven Wise Men)的生平和思想。拉尔修以τῶν δὲ ἀδομένων αὐτοῦ εὐδοκίμησε τάδε为题引述的据说是七贤的祝酒歌,一般被认为是公元前5世纪的作品。就如斯奈尔(Bruno Snell)认为的那样,*Pap. Soc. It.* IX 1093实际上证明或证实了《七贤宴饮》(*Banquet of the Seven Wise Men*)流行于公元前5世纪。伊索(Aesop)的生平故事更加流行。《历史》2.134中,伊索在德尔斐被谋杀的逸闻趣事显示出希罗多德对此十分熟悉。普鲁塔克也写过伊索在德尔斐的故事,①但我们很难说其中的细节能不能追溯到公元前5世纪。②

同样,如果不会更早的话,阿尔齐洛科斯(Archilochus)的传奇故事肯定也是在公元前5世纪发展起来的。公元前250年前后,梅涅西佩斯(Menesiepes)在他关于帕罗斯的阿尔齐洛科斯的铭文中提到了阿尔齐洛科斯的古代传统,其中之一是阿尔齐洛科斯与缪斯相会。据我们所知,阿尔齐洛科斯从未声称他曾与缪斯相会,这一场景很明显以赫西俄德为模板,是阿尔齐洛科斯的仰慕者发明的。据猜测,描绘有这一场景的波塞冬盖瓶(Boston Pyxis)制作于公元前450年前后。这如果是正确的,就能证实梅涅西佩斯的说法,并把阿尔齐洛科斯传说中某些元素的时间追溯到公元前450年之前。③
[28]我们很好奇公元前5世纪中萨福(Sappho)和阿尔凯奥斯(Al-

---

① 《论神的报复》(*De sera numinis vindicta*)2.557A,比较普鲁塔克的《梭伦传》(*Solon*)28。

② Snell, *Gesammelte Schriften* (1966) 115; La Penna, *Athenaeum* 40 (1969) 264.

③ *Archilochus*, ed. 1, Tarditi (Rome 1968) with bibl.

caeus)的传记在多大程度被拼凑在一起,以致引起了瓶雕艺人和希罗多德(2.135)的兴趣。

如果对赫拉尼库斯、达玛斯忒(Damastes)以及利基翁的格劳库斯(Glaucus of Rhegium)的文学创作所知更多,我们就能更好地理解,对诗人、七贤,甚至俗人伊索的生平研究乃是一股搜集希腊文学古事信息的新冲动的组成部分。赫拉尼库斯写过一篇关于卡尼亚(Carnean)竞技(καρνεονίκαι)获胜者的文章,包括一篇(可能不止一篇)附录论述希腊音乐的发展。达玛斯忒写了一篇文章论述诗人和智者,格劳库斯也写过"古代诗人和音乐家"。不消说,赫拉尼库斯和达玛斯忒都是著名的博学家,格劳库斯作品的标题很明显也是博学式的。

现存那些关于文学家的真正的、完全意义上的传记都很可疑。德亚根尼也许写过一篇荷马的传记。像雅各比这样负责任的学者愈发倾向于认为,所谓荷马的希罗多德式生平本质上是一篇公元前5世纪的文献,虽然并不一定出自希罗多德笔下。①

结论就是,我们必须把对传记有贡献的东西(诸如荷马与赫西俄德之间的《赛诗》与《七贤宴饮》等)与真正的、完全意义上的传记(比如所谓的荷马传记)区分开来。所谓的公元前5世纪诗人和七贤传记肯定对传记有贡献,但是我要说,它们的存在纯属臆测。

---

① Wilamowitz, *Ilias und Homer*, 413–439; Jacoby, *Hermes* 68 (1933) 10 = *Kleine Philologische Schriften* I (1961) 11; R. Pfeiffer, *History of Classical Scholarship*, 11.

二

如果文学传记使我们注目于公元前 5 世纪晚期的智者和其他学者的话,政治传记和自传式的游记则在半个世纪之前起源于伊奥尼亚(Ionia)。[29]据我们所知,卡利安达的斯齐拉克(Skylax of Caryanda)遵从大流士一世(Darius I)的命令考察过印度海岸并记录下他的旅程,①同时他还写过同代人、有名的米拉萨(Mylasa)僭主赫拉克利特(Heraclides,希罗多德 5.121)的生平。这则信息来自《苏达辞书》中一个有疑点的条目,虽然经常受到质疑,但没有充分的理由被推翻。

《苏达辞书》中的标题是 τά κατά 'Ηρακλείδην τόν Μυλασσών βασιλέα,意为"米拉萨的僭主(或国王)赫拉克利特的故事",跟希罗多德 1.31 中τά κατά τόν Τέλλον意为"忒鲁斯(Tellus)的故事"一样。很明显卡利安达的斯齐拉克就是那个写作米拉萨的赫拉克利特的人。② 任何假设还存在着另外一个斯齐拉克,或者另外一个赫拉克利特,或者另外一个斯齐拉克写作了另外一个赫拉克利特的理论都是在浪费聪明才智。

---

① 希罗多德 4.44,亚里士多德《政治学》(Politics)5.121。
② H. Bengtson, Historia 3 (1954) 303 被收录入 L. H. Jeffery, Ann. Brit. School Atbens 57 (1962) 126 的时候进行过订正。F. Jacoby, FGrHist 709 T1 (1958)似乎与我观点一致,但是要注意他写作于更近时候(1957)的 FGrHist 10 (p.543) 中的"Nachträge"(2nd ed.) 以及其中的警示。尚需参见 F. Gisinger, RE III A, 634f。

我们确实不知道斯齐拉克的书是什么样子,不知道它是不是一本关于赫拉克利特的完整传记,但它确实是一本讲述一个个人的故事的书。貌似斯齐拉克在公元前 480 年代的十年间写过一些传记性质的作品,汉尼拔的历史学家索斯鲁斯(Sosylus)可能从斯齐拉克的书中直接或间接得到了一些信息——关于赫拉克利特在一场海战中所用计略(*FGrHist* 176 F1)。

斯齐拉克可能还写过一部具有自传特征的书。他在书中记叙了自己的地理探险,不可避免地带有部分自传的意味。旅途记叙,无论是书面的还是口头的(从《奥德赛》开始),都必须被视为自传的前身。诺顿(Eduard Norden)很久之前就指明了这一点。斯齐拉克记叙旅程的特点在于他用的是散文,而且描述了一次真实的旅行。[30] 他作品中的真实成分远远超过之前的史诗诗人。

接下来我们知道,公元前 440 年左右希俄斯的艾戎(Ion of Chios)记叙了他的一次旅行,或者说一次 Ἐπιδημίαι[访问],他在其中讲述了一些自己的个人冒险和遭遇,诸如在萨米亚战争(Samian War)中与伯利克里和索福克勒斯会面。艾戎作品的残篇无法令人相信他是从自己的出生开始叙述的,但是他的故事具有确定无疑的传记特征,读起来令人愉快。

第三,我们有为数不少的塔索斯岛的斯忒辛布罗(Stesimbrotus of Thasus)传单的残篇,论述地米斯托克利(Themistocles)、米勒西亚之子修昔底德以及伯利克里。它们过去被归类为反雅典传单,因为斯忒辛布罗曾经作为伯利克里政策的牺牲品被塔索斯岛流放。但是沙驰迈尔(Fritz Schachermeyr)证明斯忒辛布罗可能是在伯利克里死后几年才开始写作传单的。① 这个新的日期设定启发我们重新认识这些传单的目的。

第四,按照沙驰迈尔的观点,斯忒辛布罗是个文学家,他的兴趣在于记录政治领袖的异人之处,而非攻击他们的政策。貌似他是后来那些写作僭主和煽动家的专论作家的先驱。我们马上会想起一个可以与斯忒辛布罗相比较的人,就是泰奥庞普斯。他的《腓力战记》(*Philippica*)有一个附录,写的就是雅典的煽动家。又一次,如果我们发现的不是完全形态的传记的话,那也是它的一个前身。

最后,拉尔修在他的恩培多克勒(Empedocles)生平中提了一条奇怪的信息(8.63)。他写道:

> 亚里士多德说他是一位酷爱自由的人,对任何形式的统治都不喜欢,因为如克桑托斯在论及恩培多克勒的书中所述,他拒绝了摆在面前的王位,这表明他更加热爱简朴的生活。②

这段文字引出了各种各样的问题。拉尔修似乎引用了亚里士多德征引克桑托斯(Xanthus)的话。[31]我们想知道亚里士多德究竟有没有提到过克桑托斯,还是说这是拉尔修添加的,又或者是来自某个中介史料。我们还想知道,这里提到的克桑托斯是不是吕底亚(Lydia)的克桑托斯,那位与希罗多德同时代的历史学家。就算真的是吕底亚的克桑托斯,我们还想知道是不是后来的伪造者或者

---

① *Sitzungsb. Oesterr. Akad.* 247, 5, 1965.

② [译注]译文引自拉尔修,《明哲言行录》,徐开来、溥林译,桂林:广西师范大学出版社,2010,页415。

历史小说家为了欺骗读者而冒用他的名字。我们同样不能确定的是,在提起关于恩培多克勒的记叙的时候,拉尔修是否在说一部传记。

然而我很难相信,除了著名的吕底亚的克桑托斯,拉尔修的脑子里想的还能是谁。我还相信他的希腊语暗示他相信克桑托斯写过一本关于恩培多克勒的书。它被很谨慎地翻译为"克桑托斯对恩培多克勒的记叙",希腊语是 καϑάπερ Ξάνϑος ἐν τοῖς περί αὐτοῦ λέγει。这是拉尔修通常使用的术语,表示"对某个特定的人的专论",例如"καϑά καί 'Απολλώνιος ὁ Τύριος ἐν τοῖς περί Ζήνωνός"(7.6)——"泰勒的阿波罗尼乌斯(Apollonius of Tyre)在他关于宙斯的记叙中这样说"。即便拉尔修的意思不是克桑托斯写了一本关于恩培多克勒的书,至少他也暗示克桑托斯写了很多关于恩培多克勒的东西。

我非常不确定亚里士多德是否引用过克桑托斯并用他来担保这则引用的正确性。但是亚里士多德知道恩培多克勒有一首描述薛西斯远征希腊的诗歌没有完成(frag. 70 Rose = 拉尔修 8.57),这是一条很有诱惑力的信息,看上去很明显源自克桑托斯。①

恩培多克勒或克桑托斯的生平年代都不具有足够的确定性,因而我们不能说克桑托斯不可能写出任何关于恩培多克勒的书。克桑托斯也许生活在公元前 420 年以后,他可能有很多理由对这位西西里思想家感兴趣,拉尔修在序言中说,克桑托斯也对琐罗亚斯德(Zoroaster)很感兴趣(*FGrHist* 765 F32),诺克成功地击退了很多质

---

① J. Bidez and F. Cumont, *Les Mages Hellénisés* I (1938) 238 - 240. H. Herter, *RE* IX A 1354f.

疑的声音。①

[32]总之,在把恩培多克勒生平的作者确定为吕底亚的克桑托斯这一点上,我看不出有任何本质上不可能的地方。认定克桑托斯为记叙恩培多克勒的真正作者时,他的亚洲出身是个争议点。我们很快就会看到,亚洲对传记故事的兴趣比希腊城邦深远很多。雅各比一定也有同样的印象,因为他把拉尔修论述恩培多克勒的部分放在克桑托斯的真实残篇旁边(*FGrHist* 765 F33)。在这里我们不得不再次对以下两者作区分,一是可以肯定对传记和自传的发展有贡献的东西(比如斯忒辛布罗和艾戎的作品),一是虽然可能在完整程度上有所不同但却是真正传记的东西(比如斯齐拉克和克桑托斯的作品)。

总的来说,现有证据既不充分,疑点又多,但是我们还是可以认定,即便在狭隘的文学和神话传记范围之外,公元前 5 世纪的人们对于传记和自传式的作品也都已经很熟悉了。如果把传记定义为对一个人从生到死一生的记叙的话,那时候的不少作品都具有传记的性质,像对忒修斯和荷马,也许还有伊索和米拉萨的僭主赫拉克利特的生平记叙。其他作品也许仅仅记叙了一个人一生中某些特定场景。

我认为,我所收集和罗列的这些证据的价值主要还在于它们所包含的警示。公元前 5 世纪的希腊文学作品大多都已经佚失了。那些把传记的起源放在公元前 4 世纪的人忘记了这一警示。他们似乎是在假设,佚失就是压根不存在。

---

① *American Journal of Archaeology* 53 (1949) 275.

当我们不可避免地去思考希腊人与非希腊人关系的时候,这则警示十分必要。对于公元前 5 世纪早期各民族间的文化联系,我们的信息极其匮乏。[33]我在这里只提及两个例证,因为它们与我们现在的研究直接相关。

1942 年二战期间,佩雷(Jacques Perret)教授的论文《罗马的特洛伊传说起源》("Les origins de la légende troyenne de Rome")在法国引起轰动。看上去他证明了是伊庇鲁斯的皮洛士(Pyrrhus of Epirus)在公元前 280 年发明了罗马的特洛伊起源传说。因为战争的缘故,佩雷教授并不知道就在他写这篇论文的时候,罗马的吉利欧利(Giglioli)教授公布了在维爱(Veii)发现的许多埃涅阿斯(Aeneas)肩负安喀塞斯(Anchises)的雕像。这些雕像的确切年代看来是公元前 5 世纪早期,但是这并不重要;它们证明了早在皮洛士之前两个世纪,伊斯特拉坎人(Etruscans)和罗马人就已经很熟悉埃涅阿斯的传说了,意大利的埃涅阿斯崇拜与皮洛士无关。几年以前阿尔弗迪(Alföldi)教授提出七点理由拒绝相信罗马在公元 500 年左右与迦太基签订了停战协议。① 当他正在求证的时候,帕罗蒂诺(Pallottino)教授发表了关于著名的派伊岛(Pyrgi)铭文的论述,这些铭文两处在伊斯特拉坎,一处在腓尼基,证明罗马和迦太基在公元前 500 年不可能忽视彼此,因为当时罗马的邻居凯里人(Caere)正在遭受腓尼基人的入侵。

佩雷和阿尔弗迪都低估了那些足以反驳他们理论的文献证据,他们更是格外低估了我们对公元前 500 年地中海世界的无知。在所有例证中,每一个偶然的发现都足以推翻这些富有才智学者的先

---

① A. Alföldi, *Early Rome and the Latins* (1965) 350.

入为主之见。

三

现在让我们思考一下前面提到的几个名字。两个属于小亚细亚——希腊文化的边缘地带：卡利安达的斯齐拉克和吕底亚的克桑托斯。另外两个，希俄斯岛的艾戎和塔索斯岛的斯忒辛布罗，都是岛上居民。如果跟公元前5世纪希腊史书的一个最为令人震惊的特征结合在一起去看的话，这一点是非常重要的。

[34]虽然希罗多德很明显对阿伽门农后裔（Alcmaeonids）家族，对地米斯托克利、克利奥米尼（Cleomenes）、列奥尼达（Leonidas）以及诸如此类的人物很感兴趣，但是对于这些最为重要的希腊领袖的生平，他说得非常之少。他对居鲁士（Cyrus）、冈比瑟斯（Cambyses）、克罗伊斯（Croesus），或者那些为波斯国王服务的希腊人比如医生德摩西迪斯（Democedes）和米泰雅德（Miltiades）等人，则能讲出长长的故事（6.34 ff）。就像霍麦尔教授指出的那样，他在这些地方是按照正规的传记原则组织材料的：出身、青年、功业和死亡。很明显，他在小亚细亚发现的传记材料要比希腊各城邦多很多。甚至最著名的希腊城邦故事，库普赛罗（Cypselus）以及阿伽门农后裔的故事，也不过是几个互不相连的场景而已（5.92,6.125）。

修昔底德的著作似乎可以支持这个结论。很明显他非常不愿意写出传记式细节，这可能反映了贵族对个人细节的蔑视：在雅典只有戏剧作家、不怀好意的演说家和煽动家才会把私人生活暴露在大庭广众之下。但这不可能是事实的全部。修昔底德写了很多关于哈默狄乌斯（Harmodius）、地米斯托克利和保塞尼阿斯（Pausanias）的生平细节，之前的人这样做的时候也没遇上什么麻烦。① 修昔底德对传记很感兴趣，但是看上去有一些无形的障碍阻止了他在雅典人身上继续追求这一兴趣。他写的有关地米斯托克利和保塞尼阿斯的场景是希腊—波斯关系史的组成部分，都发生在希腊城邦之外。修昔底德可能是在流放期间收集到这些信息的，这足以证明与他同时代的雅典人对他们的前辈伟人缺乏兴趣。

[35]人们在阅读希罗多德和修昔底德的时候会得出这样的印象:公元前5世纪的小亚细亚和通常所讲的伊奥尼亚文化对传记式细节的兴趣要远远大于雅典以及其他希腊城邦。这种不同有没有可能用文化影响来解释？

这个问题起码值得一问。国王和僭主所统治的地方自然对国王和僭主有兴趣。当希腊人开始写作散文史书的时候，伊奥尼亚人正处在波斯国王和地方僭主的统治之下。此外小亚细亚还受格外偏爱传记的东方故事影响。七贤故事很可能受到了它们在东方对应事物的影响，后者可以追溯到吉尔伽美什史诗。显然，这些故事首先在小亚细亚被记录下来，希波纳克斯（Hipponax）最早开始引述它们。希罗多德(1.29)暗示说七贤在克罗伊斯的宫廷中举行聚会，但是第一个明确引述这则故事的是埃弗鲁斯（*FgrHist* 70 F181）。

---

① Cf. for instance H. Münch, *Studien zu den Exkursen des Thucydides* (Heidelberg 135); F. Jacoby, *Atthis*(1949) 158; O. Lendle, *Hermes* 92 (1964) 129; A. Lippold, *RhM* 108 (1965) 336; C. W. Fornara, *Philologus* 111 (1967) 291 and *Historia* 17 (1968) 400.

根据亚历山大里亚的克莱门特(Clement of Alexandria)的《杂记》(*Stromata*)1.15.69,德谟克利特(Democritus)自己创作(剽窃?)了阿希卡尔(Ahiqar)的言论。据我们所知阿希卡尔故事的亚拉姆语(Aramaic)版本在公元前5世纪流行于艾利梵提亚(Elephantina)的犹太人中间。克莱门特这个观点的可靠性一直以来争议很大:迈耶基本上接受了他的观点,①狄尔斯(H. Diels)则列出了他反对这一观点的理由(*Vorsokeratiker*[6] II. 209)。无论如何可以肯定的是,泰奥弗拉图(Theophrastus)知道这个阿希卡尔故事(拉尔修5.50),这就意味着这个故事肯定已经在公元前5世纪或前4世纪就传入希腊了。它很快就跟伊索的故事混合在一起,后者在很多细节上流露出东方影响。所有关键信息都已经由佩里(B. E. Perry)教授收集起来并写入洛布版《伊索寓言》(1965)的导言。

在从波斯帝国到埃及再到亚述的各个国家中,自传这种文学体裁都已得到充分发展。② [36]在与波斯帝国的交往中犹太人和希

---

① *Der Papyrusfund von Elephantine* (3rd ed. 1912) 123 – 125.

② 对各种史书类型的最佳描述可能就是 E. Täubler, "Die Anfänge der Geschichtsschreibung" in *Tyche* (1926) 17 – 74;参见 R. Laqueur, *Neue Jabrb. f. Wiss. und Jugendb.* 7 (1931) 489 – 506。关于东方自传体铭文, S. Mowinckel, "Die vorderasiatischen Königs–und Fürsteninschriften", *Eucharisterion H. Gunkel* (1923) 278 –322 是基本著作,参见 W. Baumgartner, *Orient. Literaturz.* (1924) 313 –317;H. Gese, *Zeitschr. f. Theol. und Kirche* 55 (1958) 127 – 145。关于埃及,参见 E. Otto, *Die biographischen Inschriften der ägyptischen Spätzeit* (1954)。关于亚述,参见 H. – Güterbock, *Zeitschr. f. Assyriologie* 8 (1934) 1 –91 and 10 (1938) 45 –149。概论参见 E. A. Speiser in *The Idea of History in the Ancient near East* (1955) 37 – 76。还有一篇很重要的著作 S. Smith, *The Statue of Idri-mi*, 1949。我们需要一种更加精确的东方传记和自传的类型学。

腊人都革新了他们的政治生活和文化,重新定义了他们的民族身份。因此我们也许应该感到惊讶,当公元前5世纪的尼希米(Nehemiah)也许还有以斯拉(Ezra)在犹太(Judaea)写作自传的时候,艾戎也在希俄斯岛上写作自传式的回忆录,这是否仅仅是个巧合?尼希米的自传在犹太是个新生事物,就像艾戎的自传记叙在希腊是个新生事物一样。①

我们并不是在寻找希腊传记和自传在东方的精确模板。我们做不到,因为我们不知道斯齐拉克和克桑托斯在他们的传记式著作中都写了些什么。但是就我们所知,斯齐拉克和克桑托斯这两位最早使用希腊语的传记作家都是波斯臣民,实际上克桑托斯甚至都不是希腊人,这一点具有重要的历史意义,不能弃之不顾。

根据现有证据,我们无法具体说明公元前5世纪的希腊人与非希腊人是如何交流文化产品的。但也不乏惊鸿一瞥。希罗多德就提到波斯人佐普鲁斯(Zopyrus)"从波斯叛逃到雅典"(3.160),很明显就是此人向他讲述了自己祖父围攻巴比伦的故事。[37]希罗多德同样注意到东方的传记铭文,虽然他读不懂(2.106,4.87,4.91)。斯齐拉克记叙的海上历险很难与哈诺(Hanno)的旅行记叙区分开,

---

① 提及以下论述就足够了: G. von Rad, *Zeitschr. f. Alttest. Wiss.* 76 (1964) 176 – 187; S. Mowinckel, Studien zu dem Buche Ezra – Nehemia I – III, especially II, 1964 – 1965; U. Kellermann, Nehemia: Quellen, Ueberlieferung und Geschichte (1967) 56 – 87。《圣经》中的早期传记元素参见: J. Hempel, *Geschichten und Geschichte im Alten Testament bis zur perischen Zeit* (1964)。对于所谓《耶利米书》中的巴鲁克(Baruch)传记问题,参见 A. Weiser, *Glaube und Geschichte im Alten Testament* (1961) 321 – 329; O. Eissfeldt, *Einleitung in das Alte Testament* (3rd ed. 1964)。

后者也是公元前5世纪写成的,或者说起码前半部分是。看起来直到公元前4或前3世纪哈诺的旅行记叙才从腓尼基语翻译成希腊语。① 其他相似的文本可能更早就被翻译过来了。汉尼拔在意大利留下了用两种语言写成的 res gestae[功绩],它们来自迦太基的自传铭文传统,这一传统又跟它的东方模板有所联系。大流士的贝希斯敦铭文(Behistun)很显然不是尼希米、艾戎或者哈诺的模板,这些文本反映的是不同的政治和宗教背景。但就像艾利梵提亚的犹太人有一份大流士自传的亚拉姆语版本一样,伊奥尼亚人肯定也有一份翻译成希腊语的版本。自传在公元前5世纪早期的波斯帝国中到处流行,希腊人和犹太人可能都是受到波斯或者其他东方模板的刺激,创造出他们自己的自传。我们必须抛弃老旧的先入为主之见,认为所有的东方传记都是宗教文献,是整齐划一的。传到我们手中的东西就已经足够多样了,但它们仍远远不足以代表那些已经佚失的东西。

  以上论证是随机性的,想从中得出坚实的结论实在愚不可及。对过去的文学家和艺术家个人的传记式研究,在与希腊人独特的哲学和文化兴趣的互相联系中得以发展,表现为一种独立的成就。但是,外部作用——如果存在的话——也会造成影响:[38](1)自传;(2)关于伊索、七贤以及像德摩西迪斯这样的国际冒险家的逸闻趣事(娱乐故事);(3)同代人的传记(像斯齐拉克的赫拉克利特生平?

---

  ① 参见 R. Sénac, "Le périple du Carthaginois Hannon", *Bull. Assoc. G. Budé* 4, 4 (1966) 510 – 538;最近的讨论参见 S. Gsell, *Hist. ancienne de l' Afrique du Nord* (3rd ed. 1921) I 468 – 523. 更加容易得到的版本是 C. Müller, *Geographi graeci minors* I (1855)。汉尼拔的双语绩功铭文:Livy 28. 46. 16。

或者像克桑托斯的恩培多克勒生平?)。

四

在公元前5世纪的希腊,无论传记还是自传都还没有成为重要的文学体裁,这是事实。我们不可能概括说公元前5世纪的社会如何,但是起码对雅典我们可以说,它的文化背景总体上是不赞成杰出人物的传记或自传的。

公元前5世纪的悲剧和雕塑在实践中都没有展现出传记的技巧。诗人写作悲剧的兴趣在于那些关键性的情境,那些产生无可逃避的后果,或者起码是造成无可避免的选择的情境。从出生到死亡一步一步地讲述俄狄浦斯或者安提戈涅(Antigone)的生平故事,以此阐释他们性格和重要性的思想,与悲剧的态度恰恰相反。悲剧必须被整个呈现给观众。正如亚里士多德觉察到的,如果观众不得不通过他们未曾经验的事件来确认自我的话,就不可能达到 katharsis [宣泄] 的效果。同样,这种"一见之下当即领悟"的交流方式也是大多数——如果不是全部的话——古典雕塑的特征。奥林匹亚城(Olympia)西侧山墙上拉庇泰人(Lapithi)与半人马族(Centaurs)的争斗或者帕特农神庙(Parthenon)雕饰带上的骑兵队列都不是传记场景。

就像我之前暗示的,我无意否认人们甚至可以在希腊雕像中发现传记叙事的萌芽。奥林匹亚城十二面墙上描绘的赫拉克勒斯十二功业能否被视为一篇传记叙事的片段?这是个很好的问题。人们甚至能在瓶绘中发现某些某种传记的意图,但是要对它进行定义和讨论的话就离题太远了。[39]即便我们先入为主地去观察公元前5世纪特定瓶雕中的传记式场景——比如米松双耳瓶(Myson's amphora)上的克罗伊斯站在他的火葬堆上——那也不外乎是最初级的传记,一则单独的逸闻趣事。

喜剧和史书在与传记的关系上提出了更多麻烦的问题。喜剧与悲剧不同,它使观众对他们作为观众的身份产生怀疑。幻觉的把戏、夸张的表演、当下的场景,强迫观众回忆起日常生活中的细节,以及他们自己熟识的那些人物。阿里斯托芬的喜剧中有大量传记和自传素材。① 我们知道希腊化时代的传记作家在写作公元前5世纪雅典人物传记时大量使用了这些素材。但是当他们这么做的时候,阿里斯托芬和他的观众已经墓木早拱了。公元前5世纪的喜剧之所以能让观众放声大笑,是因为他们与其中的情境息息相关,这些东西在客观上对苏格拉底、克里昂(Cleon)或者欧里庇得斯的传记没什么帮助。

分析传记与史书的关系时一定要结合不同语境。希腊历史学家关注的是军国大事,他们的主题是国家,而非个人。史书与地理学之间的紧密联系强调的也是对国家而非个人的关注。在希罗多德和修昔底德写作的那个年代,最为重要的决断都由城邦议事会和公民大会做出。这就造成或者至少加深了这样的印象:军国大事全

---

① 阿里斯托芬直接说过他过去在喜剧中担任主唱,尤其是在《骑士》(*Knights*)、《云》(*Clouds*)、《黄蜂》(*Wasps*)、《和平》(*Peace*)等剧里。据我所知,这种形式的自传演说仅限于老式喜剧之中,参见 W. Kranz, *RE* XVIII, s. v. "Parabasis"。

部掌握在集体手中。其他新兴的科学,比如医学,证实了这种集体行为方式。

ipso facto[根据事实本身]可以推测,居住在不同土地的人理应具有不同的风俗或者能力。[40]有假设称,气候和政体之间存在稳定的联系,而政体决定着个人行为。诞生出史学的那种智识环境天生就信仰集体组织,相信自然解释。它是对僭主时代种种特征的反动,后者信仰个人拯救,仰慕个人探险。演说家在阵亡将士葬礼上发表官方悼词时不被允许提及个人姓名。

当然,这对希罗多德的影响比对修昔底德小,对《希波战争史》的影响比对《伯罗奔尼撒战争史》小。但是希罗多德身上这种倾向也很明显。希罗多德笔下希波战争的主人公是斯巴达人和雅典人,而非列奥尼达和地米斯托克利。书中并没有像阿基琉斯和赫克托耳这样不可或缺的角色,说明荷马对希罗多德的影响非常有限。用传记方法写作希波战争史或者伯罗奔尼撒战争史的想法,从未出现在任何一位公元前5世纪希腊作家的脑中。

虽然倾向于强调集体决策,史书还是无法摆脱众多人物令人烦恼地一一登场:他们就站在那儿。事实上希腊历史学家也从未否认个人对政治和军事事件的影响。民主政治的实践也暗含了对领袖的信任,并开创出一种培养领袖的氛围,就像智者学派所做的那样。军事领导力被认为是一种特殊的能力,雅典将军是选举产生的,而不像司法员和议事员那样通过抽签产生。

我们还可以继续向下推理。史学作为一种新的知识门类被发现暗含着这样一种认识:理解人类事务是可能的,也是有价值的。那个时候的人们相信政治家能够理解政治事务,而政治家和历史学家之间具有很明显的相似之处,至少修昔底德对人类事务的理解能力无疑与伯利克里相差不远。[41]对他来说,受过教育、头脑灵活、天赋异禀、严肃认真,在政治活动和史书写作中都是制胜的因素。我有时怀疑修昔底德把希罗多德看成了历史学家中的克里昂。希罗多德和克里昂都试图取悦他们的受众,在修昔底德看来他们都是煽动家。修昔底德不允许自己过多赞扬个人在政治生活关键时刻做出的贡献,而希罗多德对几乎每一个希腊政治家都这样做过。一个人的价值就是他为他所在城邦的福利做出的贡献。这就把传记排除在外了。

史书由少数几个人开创:赫卡泰乌斯、希罗多德、修昔底德、赫拉尼库斯。它让公元前5世纪的希腊人惊异万分。之前的几个世纪几乎没有为此做什么准备。第一代历史学家以其强大的个性把史书强加给读者,他们之前只对悲剧、喜剧、演说和智者辩论感兴趣。史书至今还是它被第一代历史学家创造出来的样子:对政治和军事行动的探究。它无意追根究底于基本原理,也不想审视个人在其中的角色。事实上从公元前5和前4世纪往后,起码从波利比乌斯开始,史书和传记之间这个隐含的分裂愈发明显了。

在结束公元前5世纪之前我还要再说几句。我确实试图找出公元前5世纪存在希腊传记的证据,但是我不愿猜测希腊传记精神的觉醒。我对近年来出版的几本专著怀有深深的敬意,比如夏特勒(François Chatelet)《历史学的诞生》(*La naissance de l'histore*)、斯塔尔(Chester Starr)《希腊历史精神的觉醒》(*The Awakening of the Greek History Spirit*)。但是我个人认为,搜寻那个使得公元前5世纪的史书和传记成为可能的东西,实在是稀里糊涂、得不偿失。比如说斯塔尔教授认为希腊史学精神觉醒的条件存在于史诗世界、殖民扩张、时间意识、城邦崛起以及抒情诗歌的新个人主义之中。[42]所有这些现象——我们还可以加上其他一些,比如史诗中的英雄独角戏——都与史书和传记的诞生具有某种模糊不清的联系,但它们在更早的年代就已存在。它们既不与史书和传记同时出现,彼此之间也非同时。无论其中哪一个,或者全部一起,都无法解释为什么第一代史书和传记会出现在公元前5世纪。

我们对公元前5世纪的传记写作所知非常之少,但还是能够从传世的艾戎和斯忒辛布罗残篇中体会其思想氛围,比如对杰出人物行事方式的好奇,对机智问答的欣赏,以及对政治对手的厌恶。希罗多德书中的氛围与此相似,只是更加内向,更加保守,因此个人好恶不那么明显罢了。

第三章　公元前4世纪

一

[43]一旦转入公元前4世纪,变化就明显起来。我们无需再搜遍犄角旮旯去寻找对传记和自传的兴趣,也无需再问为什么那些伟大的希腊人对它们意兴寥寥,因为这种兴趣的证据无处不在,渗透进所有文学体裁。

墓志铭证实了这种兴趣,它们描述了亲密的个人和家庭生活。我只需重提一下众所周知的事实:相较于之前的时代,公元前4世纪的墓碑上包含着更多传记式细节。出生年代、出生地、父名、死因,这些都是墓志铭上越来越常见的元素。迈安德(Asclepiades Maeander)被描述为一个成功的医生,追随了他父亲迈安德的职业生涯。① 安格勒的斐拉格斯(Philagros of Angele)和斐拉格斯的女儿赫吉拉(Hegilla)共同的纪念碑上刻写了女儿的年龄,并且说她的丈夫将会见证她的美德(Peek 107)。忒拜的一则铭文记录了年轻的梯摩克勒斯(Timocles)、阿索皮克(Asopichos)的儿子,在一次赛马

---

① W. Peek, *Griech. Grabgedichte* (1962) no. 82.

竞技上获得优胜(Peek 95)。胜利者们在圣殿的石头上刻下自己的获胜经历。阿斯科勒(Asclepius)圣殿的病人们对他们痊愈的经历津津乐道,后来埃琉斯·阿里斯提德(Aelius Aristides)的自传对此更是长篇大论。①

[44]另一方面,公元前4世纪前半期的传记和自传看上去与公元前5世纪的并没有直接承续的相似性。我这么说的时候心中十分犹豫,因为我们已经知道我们对公元前5世纪的传记和自传所知甚少了。但是我们的研究还是发现了三四个事实。在公元前5世纪至少有一次书写个人生平的尝试,就是斯齐拉克所写的米拉萨的赫拉克利特传记。同一个斯齐拉克还在他的游记中写下了某些自传式的记叙。开俄斯的艾戎在他"访问"的时候也写了一本记录个人回忆的书。对过去诗人的传记研究有很多,吕底亚的克桑托斯很可能给恩培多克勒做过传记式的描述。我们对公元前4世纪前半期是否存在相似的东西一无所知。

对这种断裂的一种可能解释就是,我们深受信息不全之害。也可能公元前5世纪压根就不存在关于赫拉克利特和恩培多克勒的传记,我们其实是被史料误导了。二选一的话,很有可能是我们的公元前4世纪早期史料存在缺失,而这缺失的部分正是公元前5与前4世纪传记与自传的连接点。但是现有的证据却显示了一个不

---

① 伊庇达鲁斯(Epidaurus)的医神(Asclepius)庇护所铭文并不是自传记叙,而是半官方的神迹铭文。关于 Ἐπιδημίαι 参见 R. Herzon, *Die Wunderheilungen von Epidauros* (1931) 49。但是公元前4世纪中也有第一人称的神迹记录,例如 Aeschines' epigram, *Anth. Pal.* 6. 330 (Herzog, p. 39) 以及 Isyllus' poem E, 在第一与第三人称之间变来变去(U. v. Wilamowitz‑Moellendorff, *Isyllos von Epidaurous* [1886] 22 – 29; IGIV2, 128. 57 – 79)。

同的结论:公元前5世纪的传记因素突然终止了,而公元前4世纪的传记和自传则是一个全新的开始。

类似情景在其他文化中也有。[45]在英格兰,卡文迪许(George Cavendish)写的沃尔西(Thomas Wolsey)生平和罗珀(William Roper)写的摩尔(St. Thomas More)生平奠定了一种新的传记传统的基础,但是在接下来的伊丽莎白时代回忆性传记却非常之少。培根(Francis Bacon)抱怨说:"我觉得很奇怪……生平写作理应更多才对。"直到亚历山大大帝的时代,我们才发现公元前4世纪传记和自传探究的许多细节。但是我们可以在此之前就把这种新形势的几个一般特征指出来,并把它们与当时新的政治、社会和智识环境联系在一起。

在公元前4世纪中,个别政治家发现自己的权力地位与之前几百年里他们前辈的相比发生了巨大变化。公元前5世纪的米泰雅德、地米斯托克利、列奥尼达,甚至伯利克里和克里昂,不过都是所在城邦的仆人。只有西西里的僭主们是例外,但他们在这一百年的进程中消失了。到了公元前4世纪,城邦倾向于把自己的新权力建立在个别领袖之上。一些保守的城邦,像斯巴达和雅典,不得不改变自己以适应这种新形势。因此就有了职业军事指挥官的新权威,最后出现了像德摩斯忒涅这样的职业政治家,他无法像伯利克里一样依靠稳定的城邦支持去执政,只能在领导自己城邦战胜一次又一次危机的过程中建立或重建自己的权威。在公元前4世纪,吕山德(Lysander)、柯农(Conon)、阿格西劳斯、老狄奥尼修(Dionysius the elder)、伊巴米浓达(Epaminondas)、马其顿的腓力,以及最后的德摩斯忒涅和亚历山大大帝都有自己的政治传记。相较于公元前5世纪的雅典和斯巴达政治家,他们在个人层面上表现出了更大的希望,以及恐惧。

哲学和修辞上的新趋势也强调个人教育、行为表现以及自我控制的重要性。我们已经否定了传记直接起源于苏格拉底或者苏格拉底学派,我们还尝试证明了最古老的希腊传记和自传作品要早于苏格拉底。[46]这也质疑了这一理论:列奥的希腊化传记源于漫步学派,因此在某种意义上也源于苏格拉底学派。但是这并不能否认一个明显的事实,即苏格拉底学派乃是公元前4世纪传记试验的领军团体。

二

苏格拉底学派在他们的时代令人恼火,在我们的时代一样令人恼火,从传记的角度看过去他们更是令人恼火万分。我们喜欢把传记分成真实的(true)或者虚假的(false)、诚实的(honest)或者扯谎的(dishonest)。但是这些术语能用在柏拉图的《斐多》(*Phaedo*)与《申辩》(*Apology*),甚或色诺芬的《回忆苏格拉底》上吗?我们倾向于不述及柏拉图,他过于关心宏大真理,不在乎低级的精确事实。色诺芬应该留下,他是最为诚实但平庸的历史学家,尽其所能叙述事实。把色诺芬骂成苏格拉底学派道德主义者,其实也就丧失了对历史真实性的兴趣。我们所要面对的事实是,苏格拉底学派前进到一个真实与虚构之间的领域,使传记获得了一种全新的意义,这让职业历史学家尴尬不已。

如果我们意识不到公元前4世纪传记在事实与想象之间占据了一个模糊不清的地位的话,我们就无法真正理解它。姑且解释一下。对于柏拉图这种人,甚至对于像色诺芬这样虽然渺小一些但也绝不简单的人来说,这种模糊不清乃是有意为之。苏格拉底学派在进行传记试验,这种试验所要直接捕捉的乃是个人生活的可能性(potentiality)而非现实性(reality)。他们思考的主要对象是苏格拉底(其他还有居鲁士等),但不是那个现实的苏格拉底,而是那个可能的苏格拉底。这个苏格拉底并不是一位其生平能够被记叙的已逝之人,而是一片尚未被开发的领域的向导。想一想斐多(Phaedo)的话吧:

> [47]我心中感到,他去往哈得斯不会没有神的担保,而且到了那边也会过得好,就像是世人从未有过的[好]。①

我们在苏格拉底式传记中第一次遇到了形而上之真实(superior true)与形而下之真实(inferior true)的冲突,这在今天依然是福音书和圣徒传研究者所面临的主要问题。这还不是我们在公元前4世纪传记中发现的唯一一种模糊性。如果哲学研究的是搜寻灵魂,那么修辞研究的就是改进话语:如果用词得当,任何东西都能表现得比它原来更好,或者更多。柏拉图在伊索克拉底学派中感应到他的敌人,对方也以敌意诚挚回报。

公元前4世纪是强大的、具有自觉意识的个人的时代,给传记

---

① [译注]译文引自柏拉图,《斐多》,刘小枫译,收于刘小枫编译,《柏拉图四书》,北京:生活·读书·新知三联书店,2015,页408。

作家提供了数不尽的良机。但也正是在这个时代,在哲学术语或者修辞术语之下,对人类生活局限性的探索也充满了分歧和冲突。

显然,柏拉图和色诺芬都开创了传记和自传叙事的新类型,尤其是色诺芬,他必须被视为传记样式的先锋试验家。在他们之后是一个疑点重重的人物安提斯忒涅(Antisthenes),比他们两人要老,如果我们对他了解更多的话,可能会发现他对传记的贡献更加具有原创性,更加伟大。安提斯忒涅写过两篇关于居鲁士的对话,很可能影响了色诺芬《居鲁士的教育》,除此之外还写过一本关于阿尔喀比亚德的书(也许是一篇对话)。可以确定这本书讨论了阿尔喀比亚德生平中的某些细节,尤其是他与苏格拉底的关系。但如果说他像穆拉赫(Mullach)在《希腊哲学残篇》(*Fragmenta Philosophorum Graecorum*)中认为的那样写了一本关于阿尔喀比亚德的传记,那还言之过早,但他确实对阿尔喀比亚德传记有所贡献。安提斯忒涅还写过一篇文章从总体上攻击雅典政治家,里面不可避免地充满了传记式细节。① [48]我们也一定不能忘记泰奥庞普斯,他是第一位写了很多传记的历史学家,十分仰慕安提斯忒涅,称赞后者的技巧,宣称如果他想进行愉快讨论的话,安提斯忒涅是最佳人选(拉尔修6.14)。

然而泰奥庞普斯还是——不如说更加是——伊索克拉底的学生。伊索克拉底自己也在传记史中占有一席之地。修辞和法庭雄辩(eloquence)的发展趋势对传记和自传记叙技巧的发展贡献很大,比以前认为的要大得多,讨论伊索克拉底不能离开这一趋势。如果

---

① 参见 *Antisthenis Fragmenta*, collegit F. Decleva Caizzi (1966),文本和书目。

我在后面把德摩斯忒涅的《论华冠》(De corona)当成一篇传记文本,希望大家不要吃惊。赢得官司和进行政治宣传所需要的技巧,在很大程度上依赖于生动地表现某个人自己或他人生平的能力。伊索克拉底在公元前397年写给阿尔喀比亚德儿子的一篇讲稿《论马队》(De Bigis)里有现存最早的阿尔喀比亚德传记。后来伊索克拉底加上了他自己的一些东西。他提出了一套教育体系,按照天赋才能挑选学生,严格遵循一套完美的智识和道德理想训练他们。他证明了雄辩本身就能造就卓越的德性。他还提出雄辩是一种古老的财富,一项特权,它通过发现和赞颂德性而使人不朽。他在一篇自传式演说《论交换》($περί$ $άντιιδόσεως$, Antidosis)中捍卫了自己的理念。

伊索克拉底的《论交换》从未在法庭上宣读过,它是一篇修辞练习。但是柏拉图和色诺芬以苏格拉底的口吻写成的辩护词也都没有宣读过,起码没有以辩护词的形式宣读过。雄辩作为一种传统文学样式被用来进行新的试验,既然是传统的,它就给试验设置了一定的局限。公元前4世纪的传记和自传从一个人与他的职业、政治团体和学派的关系中去看这个人,是对一个人公共形象而非私人生活的描述。

不可否认,这些作品具有过渡的性质。[49]如果我们记得伊索克拉底曾经有意识地把颂词艺术转变成散文——其中品达(Pindar)的贡献也很大——情况就更加复杂了(参见《论交换》166)。另一方面,色诺芬的《长征记》在写到将军之死的场景时,心里肯定想着欧里庇得斯《哀求者》(Suppliants 860 ff)的场面。新的政治和社会理念与旧有形式之间的相互作用是公元前4世纪作品的一个本质特征。与此同时,对生活准则的探究也与话语的新权力激烈碰撞。柏拉图害怕被修辞战胜,这是真的,就像伊索克拉底害怕他的文字被哲学统治一样。

三

伊索克拉底的《埃瓦戈拉斯》写成于公元前 370 年前后。在演说中加入传记式描述对伊索克拉底来说并不新鲜。我前面提到过,他在公元前 397 年前后发表的《论马队》就已经描述过阿尔喀比亚德。但是《埃瓦戈拉斯》野心更大:伊索克拉底宣称这是第一篇写给同代人的散文颂词。很明显亚里士多德不接受这个断言。他在《修辞学》(Rhetorics) 第一卷中含蓄地声称(1368a17),是他先写了一篇不太出名的颂词,歌颂对象是色萨利人希波洛库斯(Hippolochus)。维拉莫维茨在最能反映他个人风格的《拾遗记》(Lesefrüchte)①之一中说,此人就是公元前 4 世纪初期的名妓拉娯斯(Lais)为之丧命的那个男孩(普鲁塔克《论爱欲》[Amatorius] 21.767 F)。但是伊索克拉底也许并不熟悉这个色萨利人的故事。伊索克拉底把埃瓦戈拉斯描述成一个虚心好学、从来不去想不义之事、凭借慷慨广交朋友的人。这篇颂词是按照编年顺序组织起来的,但是并不能被看成埃瓦戈拉斯从生到死的传记。柯农、波斯国王,以及斯巴达人对埃瓦戈拉斯事业的反应也都有很长的讲述,很难被说成埃瓦戈拉斯生平中的一个场景。[50]不如说伊索克拉底徒劳地想

---

① *Hermes* 35 (1900) 533 = Kl. Schriften IV 111.

把对埃瓦戈拉斯性格的静态描述，与其他人对埃瓦戈拉斯做过什么的编年记叙结合起来。

几年之后，公元前360年左右，色诺芬把《埃瓦戈拉斯》当成了自己《阿格西劳斯》的模板。他本人认识阿格西劳斯，并且在《希腊史》(Hellenica)里写过或者打算写这个人。阿格西劳斯的传记与《希腊史》相关段落之间的关系也是个争辩不休的论题。他写了两次阿格西劳斯，这一事实恰恰说明他区分了《希腊史》中的史书记叙与传单中的颂词（我不认为是传记）记叙。他把后者称为ἔπαινος[颂词]，是对已故国王之德性与光荣的赞颂。因此他对阿格西劳斯所做的事正是伊索克拉底对已故的埃瓦戈拉斯做过的。想必他跟伊索克拉底一样，自觉地把对逝者的颂词式诗歌转变成散文，而且他肯定怀有与伊索克拉底一样的信念或者说错觉，认为他的颂词与早前对逝者的散文式葬礼演说之间并没有什么明显的联系。

虽然如此，色诺芬并没有盲目追随伊索克拉底。首先，他对阿格西劳斯真实事迹的兴趣，要远高于伊索克拉底对埃瓦戈拉斯的兴趣。其次，他的史学意识和经验也比伊索克拉底要强。例如他知道隽言妙语(notable says)通常不具有写进史书的价值(《希腊史》2.3.56)。我们稍后会看到，他可能还在《长征记》里试验了性格描述。把静态的颂词与编年的叙事杂乱无章地混合在一起，对于这位《长征记》和《希腊史》的作者来说是难以接受的。因此他把阿格西劳斯的颂词分成了两部分。前一部分按照编年顺序写作，这也许是受伊索克拉底的影响，但更加依据事实。我们甚至可以说它已经很接近后来出现的那些传统传记了。第二部分是非编年式的，是对阿格西劳斯各种德性的系统回顾。[51]就像色诺芬自己在第三章开头

解释的那样,在讲述了这位国王的事迹之后,他打算展示一下他的灵魂所具有的德性。他在颂扬德性的时候遵循了一定的顺序:

> 同情,公正,自制,勇敢,贤明,爱国,文雅。

这一排序来自高尔吉亚,并被其他苏格拉底学派成员吸收。当然,把阿格西劳斯当成希腊德性的典范加以系统回顾,可能还有个人方面的原因。色诺芬在公元前360年左右带着一丝忧虑描述了这位国王性格中的反波斯倾向:

> 接下来我要说一说他与傲慢无礼、大言不惭的波斯国王对抗的事迹。

这种编年记叙的重大事件与系统分析的内在性格的二分法是一种尝试,是为了解决传记作家所面对的一个最为困难的问题:如何在不牺牲个人生平中多样性事件的前提下定义一个人的性格。当我们谈起《生平与事业》(Life and Works)或者《其人其事》(The Man and his Work)的时候,我们依然没有超出色诺芬二分法的范围。

同一个色诺芬也在《长征记》里刻画了他同代人的性格。这部著作肯定写成于《阿格西劳斯》之前,但是它与《埃瓦戈拉斯》的关系难以确定。对普罗克色努斯(Proxenus)和美诺(Meno)的对比式刻画很像伊索克拉底(《长征记》2.6.16–29),而对另外两个人物——居鲁士(1.9)和克利尔库斯(Clearchus, 2.6.1–15)的刻画,在风格上则互相独立。布伦斯注意到这种不同,[1]认为色诺芬在刻

---

[1] *Literar. Portr.*, 137ff.

画克利尔库斯的形象之后阅读了伊索克拉底的《埃瓦戈拉斯》,迫不及待地想要模仿伊索克拉底,因此克利尔库斯之后的普罗克色努斯和美诺形象都跟伊索克拉底的差不多。

要真是这样可就太好了。它有一个理所当然的前提,即《长征记》的出版时间要晚于《埃瓦戈拉斯》,后者最迟不晚于公元前370年。有很多可靠的论证都说这两本书出现的顺序正好相反,即伊索克拉底在公元前380年出版《庆会辞》(*Panegyricus*)时就已经读到过《长征记》了(比较《长征记》2.4.4与《庆会辞》149)。[52]即便不顾这一事实,我也不相信伊索克拉底的《埃瓦戈拉斯》对《长征记》有影响。这些刻画都不是颂词式的,起码对美诺的刻画是一种 ψόγος[谴责]。

总的来说,这四篇人物刻画表现了四种不同类型的人物。居鲁士是个非常复杂的人,一个忠诚的朋友,一个可怕的敌人,勇于战争,娴于政事。他最主要的品质就是对朋友忠诚且慷慨。对"类型"的兴趣在克利尔库斯那里最明显:

> 我认为,这样的行为表明一个人对战争的热衷。

普罗克色努斯是野心家的正面典型,美诺则是负面典型。值得注意的是,对居鲁士的刻画虽然简短,但非常强调他的教育。这很明显地指明了色诺芬的兴趣点,后来他在写作另一位居鲁士的教育问题时发展了这一兴趣,成果就是《居鲁士的教育》。我尝试做出结论:在阅读伊索克拉底的《埃瓦戈拉斯》之前,色诺芬就已经显示出了刻画性格的独立倾向。《长征记》中的刻画是色诺芬自己的,伊索克拉底对《阿格西劳斯》的影响是次要的。

色诺芬的第三次传记写作试验是 Apomnemoneumate,我们称之为《回忆苏格拉底》(*Memorabilia*)。这个武断的标题由莱昂克拉维(Johannes Leonclavius)1569 年确定。对 Apomnemoneumate 的正确翻译应该是 Commentarii[评述]。这是格利乌斯(Aulus Gellius 14.3)给色诺芬著作确定的标题:

> 他在这本书里评述了苏格拉底的言行。

整部著作在过去充满争议,但现在很少有人怀疑它了。厄勃斯(H. Erbse)充分证明了整篇著作——而不仅仅是第一章的前两节——都是以一种法律风格写成的苏格拉底辩护词,与吕西阿斯(Lysias)16 非常相似。① 色诺芬心中想的也许不是真正的苏格拉底原告人,而是诡辩家波利克拉底(Polycrates),他在公元前 393 年左右抨击过苏格拉底的回忆录。② [53]波利克拉底炮制过一篇想象的法庭演说来反对苏格拉底,而色诺芬就用法庭辩护的形式来回应他。在第一章前两节对辩护加以总结之后,他在第 3 节开头说:

> 我打算展示苏格拉底如何用自己的行动和言语帮助他的伙伴,为此我要把我所能回忆起的一切都写下来。

这与吕西阿斯所阐述的规则相一致:

---

① *Hermes* 89 (1961) 257.

② J. Humbert, *Polycratès, L' accusation de Socrate et le Gorgias* (1930); P. Treves, RE XXI 1736 – 1752; E. Genhardt, *Polykrates' Anklage gegen Sokrates* (diss. Frankfurt 1957).

公审(dokimasiai)通过讲述一个人的全部生平来对他进行评价。

但是为了尽可能利用这种法律工具的优点,色诺芬走得太远,以至于不再可能使这部作品成为苏格拉底辩护词了。这篇文字,无论是叫《回忆苏格拉底》还是《苏格拉底评述》,都比辩护词重要得多。

我们感兴趣的问题是:色诺芬究竟是创造出了一种新的文学体裁 Memorabilia[追忆录],还是想要为后人保存苏格拉底的真实对话。我们不知道色诺芬之前的任何追忆录。把对苏格拉底的辩护与对苏格拉底的回忆结合在一起这一事实,看上去说明了它的原创性。

毫无疑问,哲学家和贤者的言论集在公元前5世纪就已经十分流行。如我们所见,在苏格拉底之前,七贤的言论已经广为人知。希罗多德引用过其中一些,并且还知道流传过程中产生了很多变体(1.27)。伊索的寓言在公元前5世纪非常流行(希罗多德2.134;阿里斯托芬《黄蜂》1446)。很可能毕达哥拉斯学派的言论集在阿里托塞诺(Aristoxenus)之前就已经被写下来了。①

但是,色诺芬所写的哲学对话录是另外一回事,我在希腊找不到与之相似的东西。我们只能说,色诺芬被后来的汇编者当成了榜样。芝诺(Zeno)收集过克拉忒斯(Crates)的追忆录(拉尔修7.4)。帕赛乌斯(Persaeus)同样尝试过保存芝诺和斯提尔波(Stilpo)的宴饮对话,显然也被称为追忆录(阿忒纳乌斯[Athenaeus]4.162)。[54]这一传统使我们得以保留爱比克泰德(Epictetus)的演说《追忆录》,或者

---

① 对于这个复杂的问题只要提及 C. J. De Vogel, *Pythagoras and Early Pythagoreanism* (1966)就足够了。

按照斯托拜乌(Stobaeus)的说法,Apomnemoneumata Epictetou[回忆爱比克泰德](《拾花录》[*Florilegium*]6.58 – 60,29.84)。

更加难以断定的是,色诺芬究竟想不想保存真实的言论。色诺芬想要干什么这个问题,与就算色诺芬想要保存苏格拉底主导的、本质上真实的对话,他又能否做到这个问题,当然不是一回事。这些言论看得越多,人们就越不会相信色诺芬想要保存关于苏格拉底的真实记忆。

也许我们可以宽容一些,承认苏格拉底在等待色诺芬来给他的独子拉姆普洛克斯(Lamprocles)上课,按照孩子母亲的意思这本来是他的责任(2.2)。然而苏格拉底与小伯利克里之间的对话被定在后者担任将军的那一年(公元前407年),但是它所反映的却是公元前370年左右忒拜霸权下的一些情况(3.5)。从约尔(K. Joël)到葛贡(Olaf Gigon)的绝佳研究已经证明,色诺芬所做的就是把他之前苏格拉底学派辩论的主题拿出来探讨,①如果色诺芬不像约尔在其经典论著中设想的那样是一个犬儒主义者,那他从安提斯忒涅著作中学到的东西很可能要比出自苏格拉底之口的还要多。苏格拉底的所有弟子都致力于阐发苏格拉底的思想,但都与其源头绝少相似。从我们的观点中得出的自相矛盾的结论是,色诺芬在所谓的《回忆苏格拉底》中创造或者说完善了一种传记形式,在记述对话之前对主要谈话者的性格加以简要总结,然而事实上这种形式在实

---

① K. Joël, *Der echte und der Xenophontische Sokrates*, 3 vols. (1893 – 1901); O. Gigon, *Sokrates: Sein Bild in Dichtung und Geschichte* (1947); J. Luccioni, *Xénophon et le Socratisme* (1953); A. H. Chroust, *Socrates: Man and Myth* (1957), where other Bibl. Cf. E. Salin, *Platom und die griechische Utopie* (1921).

践中等同于虚构。

如此一来,色诺芬对传记的最大贡献——《居鲁士的教育》——就变得愈发夺目了。[55]在古典希腊文学中,《居鲁士的教育》是最接近完全形态的传记。它展现了一个人从生到死的一生,并给了他的教育和道德性格很大篇幅。尽管如此它依然是一篇教育小说。《居鲁士的教育》并不是——也从未宣称自己是——对一个真实生活过的人一生的真实记叙。色诺芬与他之前的克泰西阿斯(Ctesias)一样,利用他的传主是东方人这一点而不顾及历史事实。色诺芬不是苏格拉底学派中第一个这么做的人,我们可以猜测,安提斯忒涅的《居鲁士》在这个方向上推了色诺芬的《居鲁士的教育》一把。传世的苏格拉底学派同类著作也许能够解释,为何色诺芬感觉无需警告他的读者其传记的虚构特征,因为这一点尽人皆知。

但是我们依然不能确切地说——较之克泰西阿斯和泰奥庞普斯更加不能确切地说——他对细节的虚构究竟有多少自觉,以及在这一已经富含大量虚构元素的传统中,他又夸大了多少。色诺芬本人非常了解波斯国家和波斯政体,尤其是波斯军队,他有希腊史料,可以增补自己的信息。显然他试图让自己看上去合情合理、信息充足。《居鲁士的教育》最后一节显示他十分在意波斯强权的倒台,就像他在《斯巴达政制》(*Constitution of Sparta*)中十分关注斯巴达的倒台一样。

莎草纸史料明白地显示出公元1世纪存在着一种东方式的情欲浪漫主义,现存的三篇尼诺斯(Ninus)浪漫小说残篇都属于这一时期。尼诺斯浪漫小说本身肯定比其中年代最早的莎草纸年代还要早,起码可以追溯到公元前100年,因此我们很有理由相信希腊小说中存在东方特征。

引起我们兴趣的是,他们宣称色诺芬《居鲁士的教育》是他们的模板。很早以前就有人注意到,《苏达辞书》记录的三个浪漫小说作家都叫色诺芬,传世的《哈巴卡马斯与安提阿》(Habrocomas and Anthia)就是其中之一。看起来这些"色诺芬"都是 nom de plume[笔名],由此可见《居鲁士的教育》的作者在小说作家和读者中受欢迎的程度。[56]《居鲁士的教育》中阿布拉达塔(Abradatas)和潘希雅(Panthea)的场景是爱情故事的经典典型。如果色诺芬知道自己成了情欲故事的大师和模板一定会大吃一惊,毕竟他的《居鲁士的教育》是高度道德化的。但这就是他创造出第一篇传记所要付出的代价,虽然它压根就不是传记,而是旨在传达哲学信息的事实与想象的混合物。①

《居鲁士的教育》证实了一个在讨论《回忆苏格拉底》时就已暗含的猜测:真实传记受虚构小说引导——起码是启发——而得以完成。这个猜测在我们想起希罗多德乃至克泰西阿斯的时候就更加真实了。如果说希罗多德还很老实地试图把他所能担保为真的东西与不能担保的区分开来的话,克泰西阿斯压根就没在这上面费心。他表现出一种历史与历史小说之间令人痛心疾首的妥协,影响了色诺芬。② 我们顺着往下就能想到泰奥庞普斯,他的《腓力战记》包括一篇很长的附

---

① E. Rohde, *Der griechische Roman* (2nd ed. 1900) 372 n. 2; B. E. Perry, *The Ancient Romances*, (1967) 168. 关于色诺芬与小说尚需参见 E. Schwartz, *Fünf Vorträge über den griechischen Roman* (reprint 1943);L. Giangrande, Eranos 60 (1962) 132 – 159。

② Bibl. in my essay on Ctesias, *Quarto Contributo* (1969) 181 – 212.

录,讲述 ϑαυμάσια[逸闻趣事],为琐罗亚斯德、埃庇米尼德(Epimenides)、西勒努斯(Silenus)、巴基斯(Bakis)等宗教先知写下了许多小说式细节。泰奥庞普斯的叫价要比克泰西阿斯甚至色诺芬还高。①

这一点对于理解公元前4世纪乃至此后很久的古代传记都至关重要。传记中虚构与真实之间的界限要比普通史书更加薄弱。读者想要在传记中看到的东西也许与他们想要在政治史中看到的大不相同。他们想要知道英雄们的教育情况、爱情故事以及性格等信息。但是记录这些东西可比战争和政治改革难多了。[57]传记作家想要保住读者,就必须诉诸虚构。苏格拉底学派哲学和伊索克拉底学派修辞共同推动,把虚构加进了传记。

我姑且抑制住继续深究此事的冲动,从传记转入自传。

四

与公元前4世纪的自传相联系的第一个人物还是色诺芬。对我们来说,他的《长征记》乃是一场战争的指挥官对战争进行评论的范本。他的同僚斯廷法洛斯的索福涅图斯(Sophaenetus of Stymphalus)也许是他的先驱,此人的《长征记》被拜占图斯(Stephanus Byzantius)引用过。但是我们对索福涅图斯完全一无所知。施瓦茨和雅各比认为索福涅图斯的《长征记》也许是后人伪造的。②

---

① Bibl. in W. R. Connor, *Theopompus and Fifth – Century Athens* (1968).
② E. Schwartz in A. von Mess, *RhM* 61 (1906) 372 n. 3; F. Jacoby, *FGrHist* 108 – 109, vol. II D, p. 349. Bux in *RE* III A 1008 – 1013 is unconvincing.

从历史编纂学角度,对色诺芬的作品至今还没有一篇令人满意的分析。《长征记》中的地理学段落受到了公元前 5 世纪游记文学的影响,我们已经说过游记文学会不可避免地带有某种自传的特征。在军事战争的事情上,色诺芬从修昔底德和克泰西阿斯那里学到了一些东西,但他对军事战争的描述具有强烈的个人风格以及一种明显的道歉口吻:他有自己的敌人。为了矫正,他用第三人称写作。① 他还耍了一个小花招,把这本书题献给了一位并不存在的泰米托根尼(Themistogenes)。《长征记》的自传特征,以及它假装自己不是自传的努力,都使之成为样板作品。[58]后来由恺撒发端的回忆文学遵循了这种自相矛盾的方法。

有一类非常不同的自传式作品,就是法庭上的辩护演说。最著名的模板就是深受修昔底德喜爱的安提丰(Antiphon)的演说。除了《日内瓦古卷》(*Geneva Papyrus*)上的一点残篇之外,它已经完全散佚了。这一类辩护演说的真实性如何?可以从德摩斯忒涅的《论华冠》中一探究竟,它被认为是这一类型在后来的一种发展,写成于公元前 330 年,安提丰的演说八十多年之后。德摩斯忒涅选择以这种方式为他的反马其顿政策进行全面辩护。这篇演说中不可或缺的一部分是德摩斯忒涅对他的对手和控诉人埃斯基涅斯(Aeschines)的个人攻击,在其余部分中德摩斯忒涅试图让听众理解他所身处的环境。德摩斯忒涅绝不允许他自己和听众忘记,他们已经被打败了。但他把他的决定置于合适的语境中,从而将其描述成仅

---

① E. Norden, *Agnostos Theos* (1923, reprint 1956) 313 – 331 这篇令人钦佩的附录在史书记叙的第一人称与第三人称问题上依然不可替代。但需要对此文本进行一番新的综合考察。

仅为了雅典和自己的荣耀而做出妥协。他解释说,难以想象,雅典

> 竟然沉沦于如此的怯懦,把她的自由自觉自愿地献给了腓力……现在仅存且必要的政策就是凭借正义抵抗他的不义之举。(69)

德摩斯忒涅就这样用他的自传片段来强化雅典的反马其顿氛围。他反思了自己的过往,他必须捍卫自己,因此他回忆的结果从一开始就是注定的。然而我们还是感觉他的问题——一种可供选择的行动在道德上能否被接受——并不是修辞式的。《论华冠》的魅力在于它发自内心的真诚。整篇演说是自传式的,不仅仅由于其中有大量德摩斯忒涅生平场景,而且因为它被对他全部过去的一种奇异有力、使人可望而不可即的反思塑造成了一个整体。

真实的辩护演说势必造就虚假的辩护词,这种辩护词不是为庭审而作,而是为了在家庭中阅读,用来为他人或自己辩护。柏拉图和色诺芬为苏格拉底所作的辩护词都不曾在大庭广众之下宣读过。[59]虽然被表现成苏格拉底自己写就并发表过的样子,但实际它们都是苏格拉底的学生在他逝世很久以后写的。它们都是传记记叙,却都伪装成自传记叙。它们展现的是柏拉图或者色诺芬所知的苏格拉底。我们永远无法弄清这两篇作品与苏格拉底的真实演说之间究竟存在怎样的关系。当然柏拉图的画面与色诺芬并不一致,毫无可比性可言,但是它们都被限定在苏格拉底遭受起诉的真实画面之内。虚构以事实为基础,在某种程度上伪造的自传必然是真实的传记。

伊索克拉底在公元前354年前后写作他的演说《论交换》时,已

经读过柏拉图为苏格拉底所作的伪自传了。但是作为一篇辩护式自传,《论交换》具有足够的真实性。伊索克拉底把他自己的生平描述为一个教育者并为自己辩护。因此柏拉图的《申辩篇》是伊索克拉底虚构演说的模板,前者是一篇伪造的苏格拉底演说和自传,后者却是一篇真实的自传。

毫无疑问,伊索克拉底想扮演苏格拉底在那场虚构审判中的角色,因此才写了《论交换》。他认为或想象自己像苏格拉底一样,因为教育方式问题被指控腐化雅典青年,其实对他的真正指控是以前某个时候逃税,他认为这只是一种托词。伊索克拉底扮演苏格拉底是如此不合情理,以至于压根没必要计较这一点。

伊索克拉底此时已经是个老人了,他的幽默感并没有与年龄俱长,但是他依然能接受新东西,他在这篇演说中所做的事情就是全新的。他用一种原创的方式把自己描述为一个教育者,一个政治演说的作家。他把自己其他演说的选段插进这篇演说。此外,他把他的教育活动与雅典政治联系在一起,这是苏格拉底学派中没人做到的,因为雅典群众(daemon)不允许苏格拉底参政。[60]这篇演说是在政治生活的大背景下为一个人自己的文学活动所做的辩护,可以肯定所谓的利巴尼乌斯(Libanius)自传是对伊索克拉底《论交换》的直接模仿,[①]西塞罗写作《布鲁图斯》(*Brutus*)时心里也想着伊索克拉底。

苏格拉底学派不仅仅创造出了等同于传记——虽然声称是自

---

① 关于伊索克拉底,H. Peter, *Wahrheit und Kunist*: *Geschichtschreibung und Plagiat im Klassischen Altertum* (1911) 144 - 145 值得铭记:整本著作都密切相关。关于利巴尼乌斯,A. F. Norman, *Libanius' Autobiography* (Oration I), 1965;尚需参考 P. Wolf (1967)的利巴尼乌斯德语译本注释。

传——的辩护演说词,他们还创造了辩护信。我们马上要提出一个问题:古典时代最伟大的自传体书信——柏拉图的《第七书》(*Letter* 7),是一种真正的自传呢,还是一种伪装成自传但其实是传记的书信?是不是柏拉图的某个学生写了《第七书》,就像柏拉图写了苏格拉底的《申辩篇》那样?不消讲,它已经被讨论得 ad nauseam[令人生厌]了。据我所知,最近爱德施坦因(Ludwig Edelstein)的研究乃是对这封书信的非真实性所做的最为有力的论辩。① "伪作说"没能对这封书信的完成日期提出根本性的异议。爱德施坦因认为它是伪造的,写成于公元前 345 到前 335 年之间,最多比"真作说"确定的日期晚了二十年。真正的问题是我刚才提出的那个,这封信究竟是真实的自传,还是伪装成自传的传记。

我有两个理由倾向于认为这封信件是真实的,虽然我认识到,按照严格的逻辑,它们并不具有决定性。第一个理由是:柏拉图在写作虚构的《申辩篇》时有真实原型,但是我们不知道在柏拉图的《第七书》之前有任何可以与之相比较的自传式书信。[61]我很不情愿地承认,在自传体书信这件事上,是伪造引导了真实。这封书信在我看来是一个出人意料之人,即柏拉图,做的出人意料之事。第二个理由——用政治历史编纂学的术语来讲——就是,在梯摩勒昂(Timoleon)取得叙拉古(Syracuse)大捷之后,《第七书》似乎没有

---

① *Plato's Seventh Letter* (1966)部分基于 H. Cherniss, *The Riddle of the Early Academy* (1945)。参见 M. Isnardi Parente, *Rivista critica di storia della filosofia* 22 (1967) 90 – 94 的评论。K. von Fritz, *Platon in Sizilien* (1968)出版于我的演说发表之后,为书信的真实性进行辩护。早前的研究值得注意的有 H. Gomperz, *Platons Selbsbiographie* (1928); G. Pasquali, *Le Lettere di Platone* (1938); A. Maddalena, *Platone*: *Lettere* (1948)。

任何意义。爱德施坦因认为,当《第七书》的作者表达对西西里岛上希腊人口下降的担忧时,他是知道梯摩勒昂恢复人口的政策的。但是很容易看出,《第七书》中戏剧性的恳求,以及《第八书》中对同一主题的更加戏剧性的请愿,都来自地位高于梯摩勒昂的人。这就解释了为什么梯摩勒昂只能照此办理。梯摩勒昂是受到柏拉图的启发才这样做的,这更加可信。

我拿不准的是这封信中关于哲学的部分。当一个像爱德施坦因这样伟大的柏拉图研究者(当然还有他的前辈们)对我说柏拉图在《第七书》中讲了一些非常不同于柏拉图主义的东西的时候,我必须相信他。但我依然无法相信,一封信中有非柏拉图主义的成分就是它并非出自柏拉图之手的证据。我们没有其他柏拉图的书信可供比较,我们也说不清他在一个并非哲学研究而是自我辩护、表述政策立场的语境中,究竟会怎样去书写他的哲学思想。我们回想起拉忒(K. Latte)曾经用他的观察说服了很多学者,他说撒鲁斯特(Sallust)的书信不可能是真实的,因为它们实在过于撒鲁斯特主义了。① 也许我们不该怀疑这反过来也是真的,即正是由于这些信件是非柏拉图主义的,所以它们是真实的。

此外,哲学家到老年倾向于说一些新奇的、出人意料甚至令人尴尬的东西,让他们的学生措手不及。晚年的康德(Immanuel Kant)、柏格森(Henri Bergson)、克罗齐都是这样。研究克罗齐的内行人不止一次追问自己,克罗齐在他人生最后阶段写的东西真的是克罗齐写的吗?就像帕斯夸利(Giorgio Pasquali)一样,《第七书》中

---

① *Journ. Rom. Studies* 27 (1937) 300.

包含的众多令人沮丧的招供使我震惊万分。柏拉图供认,相较于狄奥(Dio),他更接近狄奥尼修(Dionysius)。[62]他认识到自己无力捍卫狄奥的物质学说。他供认自己实际上在公元前360年奥林匹亚会面时就已经不再支持狄奥。这是一次不失体面但却众所周知的失败,很难相信出自柏拉图学生的笔下,但是它与柏拉图敢于面对自己失败的勇气十分相称。

因此我相信柏拉图的《第七书》是一篇自传而不是传记:它是柏拉图自己写的,而不是某个与柏拉图同时代、对他感兴趣的年轻人写的。无论如何,在把对永恒问题与个人经验的反思结合起来这一点上,它令人印象深刻。恩培多克勒寄给保塞尼阿斯的书信(如果真是书信的话)和寄给卡顿的阿克尼翁(Alcmaeon of Croton)的书信(拉尔修 8.60 及 83)都没有传到我们手上,而且我们对希腊化时代的信札学(epistolography)知之甚少。公元前4世纪的自传体书信,比如卢卡斯的梯墨尼达(Timonidas of Leucas)写给斯帕西普斯(Speusippus)的对狄奥远征的记叙(普鲁塔克《狄奥传》[*Dio*]35),所说的也许仅仅是政治事件,没有触及智识经验。因此我们无法看清柏拉图书信在古典自传作品的历史中究竟处于何种地位。但是我们也许能在伊壁鸠鲁(Epicurus)、塞内卡甚至圣保罗(St. Paul)那里模模糊糊地感受到这种柏拉图式的先例。仅仅考虑希腊人的话,把信件当成传达一个人生平经历的载体乃是公元前4世纪的一个创举,而柏拉图在这个创举中发挥了显而易见的作用。①

---

① 就我所知 J. Sykutris,"Epistolographie," *RE* Suppl. 5, 186 – 220 依然没有过时。关于圣保罗,P. Wendland, *Die urchristlichen Literaturformen* (2nd – 3rd ed. 1912) 342 – 346。

五

传记和自传试验出现在公元前 4 世纪,这一假设被泰奥庞普斯《腓力战记》中传记与史书的相互作用所证实。这个标题本身就证明泰奥庞普斯抛弃了他在《希腊史》中使用的修昔底德框架,以一个人——马其顿的腓力——为中心组织起对当代重大事件的记叙。[63]这部作品的残篇篇幅非常有限,但还是显示出腓力的美德与邪恶在泰奥庞普斯的史书中扮演了重要角色。泰奥庞普斯宣称腓力是个伟人,欧洲最伟大的人,但是腓力私下的邪恶毁灭了他自己和他的事业。对传记的强调暗示了对心理学的关注,并且赋予史书以强烈的道德意味。① 就像哈利卡纳苏斯的狄奥尼修(Dionysius of Halicarnassus)所言,地狱里的判官一定在用泰奥庞普斯的方式进行审判(《与庞培书》[Letter to Pompey]6)。

泰奥庞普斯在著作的总体框架中插入了大量含有传记式细节的附录。最明显的就是第十卷结尾记叙雅典煽动家的部分。泰奥庞普斯对雅典政治家的记叙对后来的传记作家乃是一份丰厚的赠礼。我们依然能够发现一处非常明显的模仿:奈波斯和普鲁塔克在说起西蒙之高贵时使用的词句几乎与他一模一样。他们都没提及泰奥庞普斯,但是我们逐字逐句去读《阿忒纳乌斯》

---

① 另一种十分有价值的对泰奥庞普斯的解释,参见 W. R. Connor, *Greek, Roman and Byzantine Studies* 8 (1967) 133–154。

12.533 a – c 中泰奥庞普斯第十卷文字的话,就会知道这毫无疑问是他们叙事的来源。泰奥庞普斯在离题部分里面检讨了众多同类人物的生平,为希腊化时代的传记作家铺平了道路。他还在另外一篇附录中讨论过先知。他预见了希腊化时代的传记作家对人物类型的兴趣。

埃弗鲁斯能够证实我们对泰奥庞普斯的论断,虽然只是在一个小的方面。亚历山大与继业者(Diadochi)的史书显然是以个人为中心的史书的发展。但要就此总结说——即便在一段很短的时间里——传记与史书混而为一,那就大错特错了。史书关注的一直都是重大政治事件,即便这些事件由个别人指挥决定,而传记试验关注的始终是个别人的私人生活。

[64]当亚里士多德在《诗学》(9,1451 b10)中说史书关注的是具体事件,是 τί Ἀλκιβιάδης ἔπραξεν ἢ τί ἔπαθεν[阿尔喀比亚德的所作所为与生平遭际]时,他想的也许就是公元前4世纪史书的这种传记式发展。就如霍麦尔教授尖锐指出的那样,①他想的很可能就是泰奥庞普斯的《腓力战记》第十卷的阿尔喀比亚德附录。但是《诗学》的这段文字并没有在严格的传记意义上暗示一种史学方法,没有把史书说成传记。说史书就是阿尔喀比亚德的所作所为与生平遭际是一回事,说历史学家的工作就是写作阿尔喀比亚德的传记却是另一回事。即便是修昔底德这位传记性最低的历史学家,我们也能分析出他把历史事件归功于克里昂、尼西阿斯(Nicias)、阿尔喀比亚德的词句,虽然这只能是一种局部分析。

---

① Klio 41 (1963) 146.

没有谁会把修昔底德的史书理解为传记。我认为亚里士多德的话只不过是在区分史书与悲剧,我不会从他的言词中总结说亚里士多德是在区分传记与史书。①

不如说,真正的问题是亚里士多德对传记究竟有没有清晰的概念。当我们接下来讨论漫步学派传记的时候,这是一个必须要问的问题。我认为,在亚里士多德之前就存在着某种传记与自传类型的试验,它们与传递到公元前4世纪的以希罗多德和修昔底德为原型的政治史书十分不同。

---

① 参见 R. Weil, *Aristote et l'histoire* (1960) 163 – 178 的讨论。伊索克拉底式颂词在公元前330至前320年之间乃是一种非常新奇的事物,如果狄奥德克特真的写过来库古的同代人伊庇鲁斯的亚历山大和斐利苏斯的话(Olympiodorous, *in Plat. Gorg.* 515c),他参照的就是这个样式。

第四章　从亚里士多德到罗马人

一

［65］公元前338年马其顿胜利之后雅典的思想氛围发生了变化。马其顿人的统治意味着柏拉图主义神思与伊索克拉底修辞同时终结了。不再有探索真实与虚构边界的试验了。这种带有公元前4世纪前期希腊智识生活特征的发明,被一种新的分析和反思态度所取代。亚里士多德取代了柏拉图,法勒庸的德米特里(Demetrius of Phalerum)取代了伊索克拉底。随着亚历山大与继业者们的征服和探险,世界变得越来越广阔。

但是,被亚历山大抛在身后的知识分子们并没有因此而兴奋得难以自制。米南德(Minander)是亚历山大身后一代人中雅典社会的代表人物,他的性格、泰奥弗拉图的性格,都是希腊式的,也就是行省式的。亚里士多德从未把他的学生建立的帝国视为一个值得研究的政治共同体。他搜集事实,是为了服务他的哲学,这是一种希腊中心主义(hellenocentric),冷静严肃,带有一种难以察觉的讽刺与忧伤意味,这些都凸显了亚里士多德的天纵之才。柏拉图和其他苏格拉底弟子所擅长的伪造而简易的传记试验,亚里士多德用不上。但是亚里士多德和他的弟子们是否抛弃了传记的旧有形式而代之以一种全新形式,则不是一个能够一眼看清的问题。

二

[66]首先需要界定亚里士多德及其学派对史学探究的一般态度。亚里士多德对他所知的普通史书兴趣不大。《诗学》第 9 章的话就已经很明显了:

> 写诗这种活动比写史更富于哲学意味,更被严肃地对待;因为诗所描述的事带有普遍性,历史则叙述个别的事。①

但是同一本《诗学》第 23 章的语言则模糊得多,又因为文本残缺常常引发质疑。无论怎样解读,这段文字都是对史书的批判:

> 史诗不应像历史那样结构,历史不能只记载一个行动,而必须记载一个时期,即这个时期内所发生的涉及一个人或一些人的一切事件,它们之间只有偶然的联系。②

皮普皮迪(D. M. Pippidi)在一篇令人印象深刻的论文中试图证

---

① [译注]译文引自亚里斯多德,《诗学》,罗念生译,北京:人民文学出版社,2002,页 24 - 25。

② [译注]译文引自亚里斯多德,《诗学》,前揭,页 69 - 70。

明,亚里士多德在诅咒历史学家的时候把修昔底德排除在外。① 我们很想相信皮普皮迪,但是没有任何证据能证实,对亚里士多德来说修昔底德是个例外,他无疑知道这个人,却对他只字未提。

亚里士多德的直系弟子和继承者们对史学作何感想,我们不得而知。泰奥弗拉图评论过希罗多德和修昔底德的风格,西塞罗在《论演说家》(De oratore)12.39 中说起他的观点:

> 从他们开始史书就比那些女祭司和做祷告的更敢敞亮说话了。

这对我们帮助不大。早期漫步学派对史学态度的线索其实在普拉克西芬尼(Praxiphanes)的对话《论历史》(περί ίστορίας)里,但是这条线索已经与这篇对话一起佚失了。我们对这篇对话的全部了解就是马塞里努斯(Marcellinus)转述的其中神秘难测的一句话:

> 传记作家修昔底德。(29)

据普拉克西芬尼说,在阿克劳斯(Archelaus,马其顿国王)生活的时代,修昔底德尚且默默无闻,在此之后名扬天下。把阿克劳斯这个词一抹了事的诱惑如此之深,维拉莫维茨向它屈服了。② [67] 这句话经过一番处理就会变得简单易懂:修昔底德在他活着的时候籍籍无名,死后却声名鹊起。但是,简单易懂并不意味着真实可信:即便我们不理解阿克劳斯所代表的含义,他还是照样存在于普拉克

---

① *Mélanges J. Marouzeau* (Paris 1948) 483–490.
② *Hermes* 12 (1877) 353 = *Kl. Schriften* 3 (1969) 27.

西芬尼的残篇里。就像斯塔尔(Johann Matthias Stahl)校订的波普(Ernst Friedrich Poppo)版八卷本《伯罗奔尼撒战争史》(*Thudydidis Bello Pelop* 8*vl*)观察到的一个普遍有效的批判性评论所言：

> Praestat enim se nescientem fateri quam hariolari.
> 他以一叶障目，自谓听天由命。

我们从马塞利努斯文本中仅仅能够知道，修昔底德曾经在普拉克西芬尼的对话里扮演过角色。也许他被选来代表史学。①

但是较少有人观察到的是，亚里士多德不仅仅批判了他所知的史学，而且起码在他生命的最后几年中，他用上了自己的全部力量，试图克服他所判定的一般史书写作的缺点。他试图促进史学研究，把它变成一种自己可以接受的、有用的东西。他把搜集到的事实组织起来，去解答具体问题，以一种系统分析取代了对不相关事实的简单记叙。他搜集并组织有关文化和政治体制的事实，以此赋予他的哲学一种经验基础。他对历史事实与自然事实等量齐观，用同一种方式搜集它们，并用同一个名字称呼这种方法：historia[探究]。有一个稍微有些复杂的例证能够说明亚里士多德如何思考：他把史学研究当成了一种审慎的雄辩。按照亚里士多德《修辞学》中那篇家喻户晓的文字所言，如果一位发言者要就战争或和平给出建议，他就应该公平地分析战争给自己以及敌人的城邦所造成的后果(1.4.1 360a)。

亚里士多德的立场可以与拜尔(Pierre Bayle)和莱布尼茨比较

---

① Cf. K. O. Brink, *Class. Quart.* 40 (1946) 11–26; W. Aly, *RE XXII*, 1776–1777; F. Wehrli, *Die Schule des Aristoteles* 9 (1957) p. 98 F 18; p. 112.

一番,这两个17世纪的人物想用一种基于文献的史学研究方法克服对史学的极端怀疑态度。与拜尔和莱布尼茨一样,亚里士多德求助于一种业已存在的博学传统,以反对那个时代的史书写作。[68]对于各种发现以及对于音乐、哲学和科学的史学记叙在他之前就已经有了。他自己完善了某些业已存在的研究,比如政治制度、蛮族风俗、竞技冠军名单等。他把其他主题留给了自己的学生。泰奥弗拉图研究过物理学和形而上学体系的历史,欧德摩斯(Eudemus)研究过数学和天文学的历史,美诺(Meno)研究过医学的历史。

因此需要问的问题就是:在亚里士多德组织起来为其哲学服务的、对历史事实的系统研究之中,传记是否占有一席之地。①

亚里士多德自己从未写过传记,他那些最为杰出的学生如泰奥弗拉图等人也没写过,但是这条理由本身不足以把传记排除在这种新型的亚里士多德式史学研究方法之外。大量证据表明漫步学派对传记兴趣浓厚,然而围绕在这种兴趣周围的种种难题却异常复杂。

自相矛盾的是,第一个难题就是亚里士多德及其弟子对逸闻趣事的态度。逸闻趣事本身就很吸引人,也可以成为一篇传记的组成要素。这类证据的性质使我们难以分辨在亚里士多德及其弟子的作品中逸闻趣事究竟发挥怎样的作用。

---

① 参见 K. O. Brink, art. "Peripatos" in RE Suppl. 7, 899 – 949,以及 E. Zeller, *La filosofia dei Greci* II, 6 (1966, 由 A. Plebe 增补)的意大利文版本。F. Wehrli, *Die Schule des Aristoteles*; vol. 10 (1st ed., 1959) 包含的所有论早期漫步学派的论文中最为宝贵的是《前基督教时代的漫步学派》("Der Peripatos in vorchristlicher Zeit")。关于克利尔库斯现在可以参考 L. Robert, *Comptes Rendus Acad. Inscript.*, 1968, 421 – 457。

这一难题在研究亚里士多德那里小一点,因为我们手上有不少他作品的完整文本,能够结合上下文看他如何利用逸闻趣事。《雅典政制》(Anthenaion Politeia)的读者会知道其中的逸闻趣事,比如庇西特拉图(Pisistratus)和赫密图斯(Hymettus)农夫的故事,都并无深意,它们并不是论证的组成部分。其他很多亚里士多德理论著作中发现的传记式评论和故事也是如此。[69]在亚里士多德著作中那些离题的逸闻趣事里面,我最喜欢的就是在对米利都的希波达莫斯(Hippodamus of Miletus)理论进行长篇讨论的开头,对希波达莫斯所做的特征描述(《政治学》2.1267b22)。亚里士多德说:

> 米利都人尤里本的儿子希波达莫斯是城市规划技术的发明者,而且还设计建造了比雷埃夫斯港,他是一位奇异的人,爱好奇特,行为怪癖,以致人们认为他矫揉造作(他长发垂肩,盛加装点,却不分冬夏地穿着一件廉价而暖和的长袍);他除了渴望熟悉自然知识以外,还是第一位探究政府最佳形式的非政治家。①

希波达莫斯那身不分冬夏穿在身上的廉价而暖和的长袍很难成为打动亚里士多德去反对他政治哲学的理由。

除了泰奥弗拉图之外,我们对亚里士多德弟子著作的了解全部依赖于后来作家的引述,在说到某则逸闻趣事的时候我们很难知道它是某个论证的一部分还是一种传记。

但是有些事实毋庸置疑。首先,漫步学派在他们论述个人品质

---

① [译注]译文引自亚里士多德,《政治学》,颜一、秦典华译,收于苗力田主编,《亚里士多德全集》第九卷,北京:中国人民大学出版社,1994,页52。

的专题论文中对那些能够指明美德或邪恶的逸闻趣事很有兴趣。例如庞提库斯(Heraclides Ponticus)就写过论虔诚与正义的专题论文。更特别的是,漫步学派对沉思生活(contemplative life)、实践生活(active life)以及欲望生活(sensual life)之间的区别十分有兴趣。希腊人始终对个人倾向的多样化非常敏感。就像阿尔齐洛科斯所说:"ἀλλ' ἄλλος ἄλλῳ καρδίην ἰαίνεται."(frag. 41 Diehl)埃德蒙斯(J. M. Edmonds)将其翻译为:"激励人心的是事物的多样性。"漫步学派 περί βίων[论生活]的著作把秩序带入了多样性之中,克利尔库斯和狄凯尔库斯(Dicaearchus)的此类著作最为知名。①

其次,漫步学派对作家个人很有兴趣。περί Σαπφοῦς[论萨福]、περί Στησιχόρου[论斯特西克鲁斯(Stesichorus)]、περί Πινδάρου[论品达],漫步学派的书目上此类标题比比皆是。[70]但是这些著作并不就是传记。就像列奥第一个发现的那样,它们是对某一古典作家的作品选段所做的史学解释。② 这些书中毫无疑问充满了对这些作家真实或想象的生活细节的记录。丰产的作家查莫良(Chamaeleon)写过很多讨论过去诗人的著作,所幸阿忒纳乌斯得以让我们构建起关于这些著作的一点认识。查莫良似乎属于第一代漫步学派,倾向于从诗人的作品探究他们的个人生活。萨福和阿纳克里翁

---

① R. Joly, *Le theme philosophique des genres de vie dans l'antiquité classique* (1956) 128 – 139.

② F. Leo, "Didymos Περί Δημοσθένους", Nachrichten Götting. Gesell. 1904, 254 – 261 = Ausgewählte Kleine schriften II (1960) 387 – 394 已经论证得非常清楚了。参见 R. Pfeiffer, *History of Classic Scholarship* (1968) 146 n. 2:"因此这种样式是列奥在研究狄德慕斯的时候发现的。"列奥自己强调他的规则中存在例外。

(Anacreon)的诗歌就被作为例证来解释二人的爱情生活。埃斯库罗斯不仅是第一个把酒鬼写进悲剧的人,他还是第一个醉酒后写作的人,索福克勒斯的一则座右铭可以为证。科林斯风俗被引证来解释为什么品达会在庆贺地峡竞技会冠军的诗作中提到 hetairai[名妓]。这些都对传记技巧的发展做出了贡献,其作用无论在积极方面还是消极方面都不能被低估。

希腊化时期的博学家对古风时代或古典时代诗人的生平缺乏直接的证据,从作品中提取作者生平信息的技巧有其合理性,但与此同时用它来代替直接证据是极其危险的。它帮助希腊化时代的博学走出了困境,但也打开了解释文学文献时不负责任的大门。

我们在此必须强调,这些对诗人的评论中存在大量传记式细节,但这并不能暗示当时存在完全形态的传记。1914 年狄尔斯和舒伯特(Schubart)出版了从《柏林古卷》(Berlin papyrus)中发现的狄德慕斯(Didymus)讨论德摩斯忒涅作品 $\pi\varepsilon\varrho\acute{\iota}\ \Delta\eta\mu o\sigma\vartheta\acute{\varepsilon}\nu o\nu\varsigma$[论德摩斯忒涅]的残篇,它是这一类型作品在稍后时期(公元前 1 世纪)的样板。它包含了大量关于德摩斯忒涅的传记式细节,但却很显然不是传记。① [71]即便是以基济科斯的尼安瑟斯(Neanthes of Cyzicus,公元前 275 年左右)为代表的那一类以"论名人"(About Illustrious Men)为标题的著作,我们也还在犹疑它究竟是一系列短篇传记,还是名人逸闻趣事的合集。

---

① P. Foucart, "Étude sur Didymos d'après un papyrus de berlin", Mém. Acad Inscriptions, 38, 1 (1909)依然是基础性的著作。

第三,漫步学派哲学家们十分喜欢描述和评价其他哲学学派,这就使他们致力于搜集其他哲学家的逸闻趣事,但并不一定去写作传记。我们很自然地倾向于认为狄凯尔库斯写了哲学家们的传记,因为他在其中描述了苏格拉底、柏拉图和亚里士多德的生活细节。此外他还写了精彩的"希腊人的生活"(Life of Greece),我们当然会希望他进一步去写某个具体的希腊人的生平经历。但是他的作品从未被当成传记引述过。拉尔修(3.4)引述过一则来自狄凯尔库斯论述柏拉图的作品 ἐν πρώτῳ περὶ βίων [首论生活]的细节,暗示着包含有这则传记细节的著作属于一个全然不同的生平著作类型。

论述不同哲学学派的著作被用在学派之间的斗争上,这些作品的写作目标使人很难总结说它们就是传记。对学说的抨击必然不受限制地混合着对个人的攻讦,其程度不得而知。逸闻趣事被用来定义生平、思想和风格的类型特征。如果厄苏斯的法涅阿斯(Phainias or Phanias of Eresus)在其论苏格拉底学派的著作中说阿里提普斯(Aristippus)是第一个需要支付学费并且借由教学挣钱的苏格拉底弟子(拉尔修 2.65),那这个故事肯定是想要塑造——或者说抹黑——阿里提普斯的享乐主义倾向。这一类论述哲学学派的著作虽然很可能最初由漫步学派创作,但很快就变成了整个希腊化文化的共同财富。[72]伊壁鸠鲁学派伊多梅涅(Idomeneus)的著作"论苏格拉底学派"(On the Socratics)不外乎就是一本反对苏格拉底学派的攻讦之作,一个世纪之后的斐洛德慕斯(Philodemus)也用"论斯多葛学派"(On the Stoics)这样一个温和的标题写了一部反对斯多葛学派的敌意作品。

最后,第四点,漫步学派还参与了对逸闻趣事的分类整理,这后来成为希腊和拉丁文学的一个突出特征。博学中的分门别类在亚里士多德之前就已流行。公元前 5 世纪晚期或者前 4 世纪早期已经出现专门论述新奇发现(heuremata)的专著。① 伊索克拉底在公元前 380 年前后已经知道这一类型(《庆会辞》10)。

关于奇人(paradoxa, thaumasia)的逸闻趣事由泰奥庞普斯也许还有埃弗鲁斯搜集。隽言妙语(apophthegmata, gnomai, chreiai)是另外一种类型。如我们所见,色诺芬意识到把隽言妙语插入史书是不合适的(《希腊史》2.3.56)。

"例证储说"(paradeigmata)这种文体可以追溯到荷马时代(《伊利亚特》5.381),指可以在出现相似情况的时候加以引用或者照抄。公元前 4 世纪《献给亚历山大的修辞学》(*Rhetorica ad Alexandrum*)一书的作者——可能是阿那克西美尼(Anaximenes)——知道例证储说这个术语,认为它是修辞的成分之一(1429a21)。《经济学》(*Oeconomica*)第二卷说亚里士多德在与金钱有关的事务上非常得心应手。后来在公元前 1 世纪,帕特尼乌斯(Parthenius)写了一本爱情故事选集。对军事战略的搜集也被归在这一类别。

有关名人之死的逸闻趣事著作能够从漫步学派的法涅阿斯一直下溯到公元前 1 世纪提提尼乌斯(Titinius Capito)的《名人结局》(*Exitus illustrium virorum*),乃至 4 世纪兰坦提努斯(Lantantius)的

---

① 参见令人敬佩的论文 K. Thraede, "Erfinder", in *Reallex. für Antike und Christentum* 5 (1962), esp. 1191 – 1232。另见 L. Cracco Ruggini, "Eforo nello Pseudo – Aristotele, Oec. II?" in *Athenaeum* 44 (1966) 199 – 237, 45 (1967) 3 – 88 令人敬佩的书目。

《迫害致死》(*De mortibus persecutorum*)。

事实上 exempla[范例]在罗马人中变得非常流行。奈波斯、奥古斯都的自由奴赫吉努斯(Hyginus)和奥古斯都本人都有自己的收集。[73]马克西姆斯(Valerius Maximus)在提比略(Tiberius)时代写作,他的大名与他的作品《关于命运之格言警句》(*Fatal et dicta memorabilia*)一起传世,使我们对于这一类型的作品有了准确概念。

区别希腊化传记与任何此类文学作品理论上难度不大,但是在实践中断篇残章往往不足以说明这些已经散佚的作品的确切性质。仅仅知道作品的标题甚至更加具有误导性。此外类型之间的边界也模糊不清,使得整幅画面难以整齐划一。撒提鲁斯的欧里庇得斯生平与上面提到过的查莫良和狄德慕斯的评述著作有共同之处(即所谓的περί[评述]文学)。以后的希腊传记,诸如佚名作者的哲学家塞肯督斯(Secundus)生平和德墨纳克斯(Demonax,2 世纪)的琉善(Lucian)的生平,都由纯粹的隽言妙语构成,传记在这里只是一个用以搜集尖刻评论和解释的框架。在所有这些例证中都很难恰当地区分单纯的逸闻趣事集与传记,这一类传记探究的目标难以确定,进一步加剧了困难。

三

漫步学派中被公认为传记作家的人数极少。但是,我们必须再三强调,在评价漫步学派传记的时候,我们的无知极有可能误导我们。圣杰罗姆(St. Jerome)在他《名人传》(*De viris Illustribus*)的前言中十分恰当地指出,引用苏维托尼乌斯的时候要注意区分,哪些信息是苏维托尼乌斯本人的,哪些是苏维托尼乌斯从他的希腊前辈"优雅的漫步学派的赫米普斯,卡里斯都的安提柯(Antigonus of Carystus),博学多识的撒提鲁斯,以及他们之中最为博学的那个人,音乐家阿里托塞诺"那里得来的。如此一来阿里托塞诺、赫米普斯、卡里斯都的安提柯以及撒提鲁斯都被引述为传记作家。

这四个人中有三人与漫步学派有关:阿里托塞诺、赫米普斯和撒提鲁斯,这足以证明漫步学派在塑造希腊传记的过程中发挥了领导作用。[74]只有卡里斯都的安提柯明显不属于这一学派。但是我们应该马上注意到,三位亚里士多德派中只有一人,塔伦特姆(Tarentum)的阿里托塞诺,属于亚里士多德的第一代弟子,而且阿里托塞诺并不是传统意义上的亚里士多德派。考察这位放荡不羁之人的出身与发展,便会接近所谓的漫步学派传记之影响的起源和局限问题。

塔伦特姆的阿里托塞诺肯定出生于公元前370年左右,在出于模糊不清的原因加入漫步学派之前,他接受过完整的毕达哥拉斯学派教育。公元前343年左右,他有机会在科林斯见到了被叙拉古人流放的小狄奥尼修(Dionysus the Younger),与狄奥尼修对比了毕达哥拉斯学派行为方式的教条。他从狄奥尼修那里听说了毕达哥拉斯的朋友们达蒙(Damon)与芬提阿斯(Phintias)的故事,这个故事我们所有人在学生时代就已经耳熟能详,还把它们一遍遍地翻译成从狄奥多罗斯(Diodorus)和伊安布里克(Iamblichus)的希腊文到西塞罗的拉丁文、席勒(Schiller)的德文。

公元前322年亚里士多德去世,阿里托塞诺可能认为自己有资格继承老师的衣钵,成为漫步学派的领袖,结果更受青睐的是泰奥弗拉图,他感到自己被冒犯了。此后他是否还是漫步学派成员很值得怀疑。

不管怎么说,他从不掩饰对毕达哥拉斯学派的同情,以及对柏拉图的厌恶。他甚至非议过亚里士多德的人品,暗示亚里士多德趁柏拉图被放逐之机建立起了自己的学派。他认为柏拉图是毕达哥拉斯的抄袭者。① 就连他笔下的苏格拉底至少也可以说是非传统的:一个暴躁易怒,借钱给别人时倾囊而尽的人。正由于这是一个与众不同的苏格拉底,所以我们格外喜爱这幅画面,并且同意麦斯(A. von Mess)的观点,他宣扬阿里托塞诺是真正的苏格拉底传记作家。② [75]但是古代哲学家被认为是不会动怒或者借贷的,因此很难避免这样的结论:阿里托塞诺把他对苏格拉底学派的恶意带入了他的描述。

阿里托塞诺一方面写作毕达哥拉斯和阿奇图斯(Archytus)的传记,另一方面又写作柏拉图和苏格拉底的传记,以此来比较他们的生平与学说。他给人的印象是,他对自己前任老师的同情要多于后任,虽然总体而言他对亚里士多德的尊敬已经远远超过对柏拉图的。他在写作毕达哥拉斯传记之外还研究过毕达哥拉斯式生活方式(也许在另一本书里),他对毕达哥拉斯学派团体的描述体察入微,欣赏有加。

以上种种足以表明,把阿里托塞诺传记说成传统的亚里士多德教育的产物实在太过简单。阿里托塞诺传记由他身处两个学派之

---

① 证据在 F. Wehrli 的阿里托塞诺版本中。O. Gigon, Vita Aristotelis Marciana (1962) 18 更加怀疑阿里托塞诺对柏拉图的态度。

② *RhM*, 71 (1916) 79.

间的特殊地位所启发而写出:他最后离开的毕达哥拉斯学派,以及让他不舒服的漫步学派。他是一个世界公民(cosmopolite),记叙说毕达哥拉斯出身于伊斯特拉坎,师从迦勒底人佐拉塔斯(Zoratas)学习智慧之术,此人属于查拉图斯特拉学派(Zarathustra)。他清醒地意识到毕达哥拉斯学派学说被卢查尼尔人(Lucanians)、梅萨比人(Messapians)、泡提亚人(Peucetians)和罗马人所接受这一事实,并深以为荣。① 也许他相信毕达哥拉斯主义在意大利中部流行与毕达哥拉斯是伊斯特拉坎人有关。我们甚至可以猜测,正是在毕达哥拉斯学派格外强调人物个性和师者模范的传统影响下,阿里托塞诺变成了一位传记作家。

但是,我认为过于纠结这一点是不明智的,因为我们几乎对阿里托塞诺之前的毕达哥拉斯学派传统一无所知。对道德价值和人身处境的敏感在很大程度上来自阿里托塞诺自己。[76]在不同学派学说与个性的矛盾冲突中,他对哪一方都谈不上始终不渝,他在一种传记框架内发展了自己观察方面的天赋,以及把不同画面整合成一个整体的能力。他以一种见惯人间各种狭隘观点的论调展开叙述。在达蒙和芬提阿斯的故事中,僭主狄奥尼修并不是一个大恶人。在描述简朴的阿奇塔斯(Archytas)与奢华的保亚克斯(Polyarchus)之间矛盾的时候(这个故事被阿忒纳乌斯保存下来,12.545),两位主角都得到了公平的对待:

> 在小狄奥尼修派往塔兰托的使者中,有一人名叫保亚克

---

① E. Gabba, in *Entretients Fondation Hardt*, XIII: *Les origins de la république romaine* (1967) 157–163.

斯,外号奢侈者。此人纵情于物质享受,不仅仅表现在行动上,他自己也坦白这一点。他是阿奇塔斯的熟人,对各种哲学学说也并非门外汉,经常绕着神庙围栏走来走去,与阿奇塔斯的追随者展开辩论……

亚里士多德本人并未踏上从逸闻趣事到传记的桥梁。泰奥弗拉图也没有,他只注意人物性格。虽然据说还有其他漫步学派与此有关,值得一探究竟,但我还是认为(基本上与列奥一致,虽然原因不同)很有可能阿里托塞诺才是漫步学派中第一位写作传记的人。正是他重拾了已经断绝的公元前5世纪传记的线索,利用了公元前4世纪早期出现的诸多传记技巧,领会了亚里士多德所钟爱的博学研究的新趋势,创造出一种全新的混合体:既博学,又世俗;关注理念,却是杂谈。也许他还是第一个把逸闻趣事作为传记本质部分的人。我们过去习惯于认为,逸闻趣事不过是传记的调味料,但是我们恰恰忘记了,逸闻趣事可以离开传记,传记却离不开逸闻趣事。一篇好的传记里面应该满满都是好的逸闻趣事这一观点,我猜就来自阿里托塞诺。

四

[77]如果阿里托塞诺是第一位漫步学派传记作家,那我们该问一下自己,他是否有直接的继承者,无论是在漫步学派之内还是之外。

克利尔库斯写过一篇柏拉图的颂词,有人暗示说克利尔库斯想要回应阿里托塞诺对柏拉图的戏谑说法。这并非不可能。但是"颂词"这个标题把克利尔库斯的作品与斯帕西波斯（Speusippus）写的柏拉图颂词联系在一起（拉尔修4.5），而斯帕西波斯看上去模仿了伊索克拉底的《埃瓦戈拉斯》。在把柏拉图写成阿波罗之子这一点上，克利尔库斯肯定追随了斯帕西波斯（拉尔修3.2）。因此克利尔库斯的柏拉图颂词看上去属于一种古老类型的传记写作。即便克利尔库斯的写作带有反对阿里托塞诺的论战目的，他的柏拉图颂词与阿里托塞诺的柏拉图生平很可能并不是同一类型的传记。

法勒庸的德米特里是一个困难得多的事例。哈利卡纳苏斯的狄奥尼修似乎说他写过德摩斯忒涅的传记（《论德摩斯忒涅》[De Demosthene]53），但没有其他证据支持他的说法。很可能德米特里在他论修辞的书里讨论过德摩斯忒涅生平的某些场景。拉尔修（5.81）提到过德米特里的一本书《苏格拉底》（Socrates），还三次引用过同一个德米特里的《苏格拉底辩护词》。普鲁塔克（《阿里斯提德传》1,27）引用过《苏格拉底》中的传记式细节。有可能《苏格拉底》与《苏格拉底辩护词》是同一篇作品，但是还不知道这部作品是不是传记。如果是的话，那它可能是对阿里托塞诺的回应。

还有一个受阿里托塞诺影响的人值得一提，就是厄苏斯的法涅阿斯。他是亚里士多德的学生，与泰奥弗拉图关系尤为密切。普鲁塔克把他描述成一个不惯于史书写作的哲学家（《地米斯托克利传》13）。他的一部史书著作是对亚里士多德《政治学》（1311a25）中一个暗示的直接发展：[78]他把僭主的灭绝写成报复的后果。看来僭主曾经得罪过他。他还写过一篇专题论文《论西西里僭主》。他的作品包括论苏格拉底学派以及他的家乡厄苏斯的执政主席团的专题论文。残篇显示出一种典型的漫步学派对于细节的兴趣,但依然无法确定以上提到的任何一篇作品是传记式的。如果《论西西里僭主》以泰奥弗拉图论煽动家的作品附录为原型,那很有可能依然是逸闻趣事式的,而非传记式。

但是,普鲁塔克说过,他的某些梭伦和地米斯托克利的传记式细节来自法涅阿斯。这就带来了一个真正的问题,关于梭伦的细节也许不太引人注目,但是关于地米斯托克利的细节则是传记类型的绝佳样板,夺人眼目。普鲁塔克明确说,地米斯托克利抵达波斯宫廷的著名场景来自法涅阿斯。博丹(L. Bodin)①和拉克尔(R. Laqueur)②假设法涅阿斯写了一篇地米斯托克利的完整传记,并从这个假设出发进一步重构了法涅阿斯的这篇传记作品。

这个被他们作为起点的假设问题重重,无论是普鲁塔克还是其他人,都没有说法涅阿斯写过地米斯托克利或者梭伦的传记。普鲁塔克记叙的场景乃是传记应有样貌的绝佳范例,但是这些范例可能来自某本逸闻趣事集。换言之,我们又回到了研究漫步学派传记时的那个主要难题,即如何区分逸闻趣事与传记。以我们目前所知而言,完全否认法涅阿斯写过传记不合情理,但是要花费精力去猜测法涅阿斯写的究竟是哪种传记则纯属浪费时间,因为我们甚至不能确定法涅阿斯究竟写没写过传记。

[79]我们的探究证实了一个假设,如果狄凯尔库斯的 περί βίων [论生活]不是一部传记集的话,那么阿里托塞诺作为第一代漫步

---

① *Rev. Ét. Grecques* 28-30(1915-1917).
② *RE* s. v. "Phainias".

学派传记作家就没有敌手了。博学传记的大量实践,无论是漫步学派之内还是之外的,都出现在亚里士多德两三代人之后。圣杰罗姆提到的其他三个人:赫米普斯、撒提鲁斯和卡里斯都的安提柯都生活在公元前3世纪下半期。赫米普斯和撒提鲁斯都被称为漫步学派,他俩肯定在某种意义上追随了亚里士多德。就我们所知而言,赫米普斯乃是克利尔库斯的学生,曾经研究过后者搜集的材料。毫无疑问,卡里马科斯的《各科著名学者及其著作目录》是受亚里士多德著作分类方法启发而完成的:起码斯特拉波(Strabo)说过,亚历山大里亚图书馆的分类方法模仿了亚里士多德(13.608)。但是卡里马科斯身份复杂,不能仅仅被视为亚里士多德的学生。①

赫米普斯出生在士麦那(Smyrna),公元前200年左右生活在亚历山大里亚。他利用卡里马科斯的档案写过很多人的传记,包括古风时代的立法者、七贤、毕达哥拉斯学派、高尔吉亚、伊索克拉底、亚里士多德及其弟子的代表。他对细枝末节的东西、可怕的东西(死亡场景)很感兴趣,这就引出了一个矛盾:他完全是靠广博的耸人听闻的事来吸引读者的(比较一下莱布斯[Heraclides Lembus]在 *POxy* XI 1367 中的摘要)。他延续了漫步学派把同类事业的人写进一本书的传统。他的传记里面立法者最少有六卷,七贤生平最少有四卷。② 他在定义学派归属的时候十分谨慎(哈利卡纳苏斯的狄奥尼

---

① O. Regenbogen, *RE* s. v. "Pinax"; R. Preiffer, *History of Classical scholarship*, 127 – 134.

② F. E. Adcock, *Cambridge Histor. Journ.* 2 (1927) 106 论述赫米普斯与立法者。I. Düring, *Class. et Mediaev.* 17 (1956) 11; A. - H. Chroust, *Rev. Ét. Grecques* 77 (1964) 53; R. Preiffer, *History of Classical Scholarship*, 129, with other bibl. 关于尼安瑟斯的优先性,R. Laqueur, *RE* s. v. "Neanthes"。

修《论伊索》[*De Isaeo*]1.1)。他说是毕达哥拉斯把犹太思想传入希腊,这肯定是受早先学者(亚里士多德派还是犹太人?)的影响。[80]约瑟夫斯当然会对这一坦白感到高兴(《反阿比昂》[*Contra Apionem*]1.22.163)。

有一部讲述亚历山大里亚城区的著作假设托勒密四世的改革发生在公元前3世纪末期,如果撒提鲁斯是这本书作者的话,那他可能出生在赫米普斯之后。新近出版的这部著作残篇对其作者和年代没有给出什么新线索(*Poxy* XXVII 2465)。另一方面,传记作家撒提鲁斯肯定生活在托勒密四世之前(公元前150年左右),因为生活在托勒密四世时代的莱布斯对赫米普斯和撒提鲁斯的传记做过摘录。1912年出版的《奥克西林库斯古卷》1176中的撒提鲁斯传记用对话体写成,这一发现令人大吃一惊。之前只知道古典时代晚期以后塞弗鲁斯(Sulpicius Severus)、帕拉狄乌斯(Palladius)以及圣本笃(St. Benedict)的大贵格利(Gregory the Great)传记是对话体。亚里士多德讨论诗人的对话并不是撒提鲁斯的先驱,西塞罗的《布鲁图斯》跟它也完全没有可比性,虽然列奥认为它们具有十分接近的类似性。① 无疑撒提鲁斯有意写作传记。《奥克西林库斯古卷》1176的落款可以读作:

> 撒提鲁斯的传记分类的第六卷,包括埃斯库罗斯、索福克勒斯和欧里庇得斯。

---

① *Ausgewählte Kleine Schriften* II 368. 但是西塞罗可能用对话体写过小卡图的颂词,C. P. Jones 在即将出版的论文 *RhM* 113(1970)188-196 中为 Wessner 在 *Schol. Iuven.* 6,338 p.95 的奇怪陈述辩护。

但不能认为这是真正的传记,因为迪勒提到过,拿铁曾经暗示说撒提鲁斯的欧里庇得斯生平属于 problemata[疑题]。古卷的这段文本很明显是从记述诗人生平的部分向死亡部分的过渡,似乎证实了这种传记意图。撒提鲁斯从欧里庇得斯悲剧的文本中推演出了许多他生平的细节。我们已经看到,这是典型的漫步学派方法。[81]他还通过把米南德的新式喜剧与欧里庇得斯联系起来,反映出对文学学派历史的兴趣。

圣杰罗姆提到的第三个人是卡里斯都的安提柯,此人与漫步学派毫无关系。如果能确定他就是帕伽玛(Pergamum)国王阿塔卢思一世(Attalus I)的侍臣的话,那他就生活在公元前 3 世纪中期。他的职业是铸造青铜,文学活动纯属业余爱好。他年轻时师从埃雷特里亚学派(Eretrian school)的创始人、哲学家迈涅德慕斯(Menedemus)。他模仿阿里托塞诺,撰写他同代与前代哲学家的传记:怀疑论者皮浪(Pyrrho)和泰门(Timon),柏拉图学派的珀勒莫(Polemo)、克拉忒斯(Crates)、克兰托(Crantor)和阿彻西劳斯(Arcesilaus),漫步学派的利珂(Lyco)、迈涅德慕斯,最后是死于公元前 263 年的基蒂翁的芝诺(Zeno of Citium)。即便在维拉莫维茨对这些作品进行了无畏的重构之后,我们在最乐观的情况下也只能说,我们了解了安提柯的写作目标,如果他真有什么目标的话。① 他确实对个人行为十分感兴趣,并非常善于描述。他曾经令人印象深刻地描绘了自己的老师迈涅德慕斯:他的晚宴实在太俭省了。

---

① 参见 O. Gigon in Lexikon der Alten Welt, s. v. "Biographe"。

我们还能给圣杰罗姆的名单加上几个名字。一个是西奥斯的阿里斯托(Aristo of Ceos),他也许是公元前3世纪后期漫步学派的领袖,他写过赫拉克利特、苏格拉底和伊壁鸠鲁,拉尔修10.14明确地说他论伊壁鸠鲁的著作是一篇"生平"。另一个人是苏提翁(Sotion),公元前180年左右生活在亚历山大里亚,写过《哲学家们的师承》(Succession of Philosophers),一本被认为深刻影响了拉尔修《名哲言行录》(Lives of Philosophers)结构的书。我不知道苏提翁是否加入了漫步学派。他似乎像赫米普斯一样研究过卡里马科斯的《各科著名学者及其著作目录》。

漫步学派的三位传记作家,赫米普斯、撒提鲁斯和阿里斯托,面对着两位不属于漫步学派的传记作家,卡里斯都的安提柯和苏提翁。三位漫步学派成员中只有阿里斯托在学派内扮演了重要角色,但是他作为传记作家的重要性又是最低的。[82]就赫米普斯而言,我们很难理解为什么他被称为漫步学派。漫步学派与传记之间的关系并不像前人通常告诉我们的那样持久而紧密,就算我们把传记的对象限定在哲学家、艺术家、智者和诗人中也是一样。如果我们承认阿里托塞诺是个半信半疑的亚里士多德主义者,是漫步学派传记大师的话,我们就有义务总结说,他与他教导出来的学生之间至少隔着一代人,而且这些学生并不都属于漫步学派。

如果我们把目光转向希腊化时代传记和自传文学的其他方面,画面就更加模糊不清了。我们发现,伊索克拉底开创的传记式颂词得以延续并流行起来。泰奥庞普斯的马其顿腓力和亚历山大颂词就属于这一类型,卡利斯提尼(Callisthenes)论赫米阿斯(Hermias)

的颂词也是。如果说克利尔库斯把颂词延伸到柏拉图生平,那么毫无疑问,其他人把颂词延伸到了将军和政治家的生平上。有一些颂词肯定与政治史十分相似,虽然二者从未被混为一类。波利比乌斯自己写过三卷本的斐洛佩门(Philopoemen)颂词,其中有一句人们很希望在这类颂词中看到的话:

> 说明他和他的家族都是谁,以及他年轻时接受教育的性质……列举出他最为著名的举动。

波利比乌斯接着说,一篇颂词"需要对他的业绩进行总结,某种程度上还要夸大"(10.21 = FGrHist 173)。在对教育阶段的漫长记叙之后是对政治和军事业绩有选择的报道。一般史书基本不会述及未来将军的童年,而是会更加丰满地记叙外交和军事行动。这就解释了为什么很多论述伟人的书都在标题中提到了教育,奥涅克利图斯(Onesicritus)的《亚历山大的教育》(ὡς Ἀλέανδρος ἤχϑη)跟亚历山大的同伴皮拉的马西亚斯(Marsyas of Pella)的《亚历山大所受教育》(Ἀλεξάνδρου ἀγωγή)是两本同题材的著作。[83]公元前3世纪的吕希马科斯(Lysimachus)写过περί γῆς Ἀττάλου παιδείας[阿塔卢思一世的教育]。所以皮尔逊(L. Pearson)建议把奥涅克利图斯著作的标题从ὡς Ἀλέανδρος ἤχϑη修订为ὡς Ἀλέανδρος ἀνήχϑη[亚历山大的远征],实在是大错特错。①

这一类史书式颂词与国王或将军完全意义上的传记之间差别十分微小,不可能被清晰截然地区分开。撒提鲁斯自己写过腓力二

---

① *The Lost Histories of Alexander the Great* (1960) 89–90.

世和叙拉古的小狄奥尼修;小尼安瑟斯(Neanthes the Younger,公元前200年左右)写过阿塔卢思一世;阿瑞欧(Asclepiades Areiou)写过法勒庸的德米特里;梯摩卡瑞斯(Timochares)写过某个安条克(Antiochus),也许是"为神所示"的(Epiphanes)安条克四世,或者"希德忒斯的"(Sidetes)安条克七世(FGrHist 165);苏希鲁斯(Sosylus)写的汉尼拔水平很差;某个波塞多尼乌斯(Posidonius)写过马其顿的帕修斯(Perseus of Macedon, FGrHist 169)。这些传记在多大程度上受到漫步学派的启发？我们能在多大程度上把这些传记与以专论形式论述单个国王的政治史著作清晰区分开来？亚历山大回忆录的作家们,克利塔克斯(Clitarchus)、托勒密(Ptolemy)和阿里斯图布录(Aristobulus),以及继业者和希腊化时代诸国王的历史学家们①都认为传记与史书的区别是模糊的。

确实,强行把传记和以个人为中心的专论完全区分开是不可能的。就像赖岑施坦因(Richard Reitzenstein)在《希腊化时代逸闻趣事》(*Hellensitische Wundererzählungen*, 1906)中那段有名的章节所说,西塞罗致卢修斯的信(*ad familiares* 5.12)中所包含的历史编纂学理论同时包括了传记和以个人为中心的专论,Si uno in argumento unaque in persona mens tua tota versabitur[如果一个事件全部基于一个人的话]。没有理由相信西塞罗在这封信中复述了漫步学派的理论。但就算他是,这封信所预想的传记实践——关于国王、将军和政治家的专题论文——也不可能与漫步学派毫无联系。[84]撒提

---

① 蒂迈欧论皮洛士,拜占庭的德米特里(Demetrius of Byzantium)论粟特(Antiochus Soter)及托勒密二世(Ptolemy Philadelphus)。

鲁斯成为漫步学派中国王们的传记作家明显是个例外，而非通例。①

目前为止的证据看上去证实了一个结论：只能在一个非常有限的意义上说希腊化传记是漫步学派所特有的。伟大的、对经验世界加以系统探究的亚里士多德理想没能在他的第一代弟子中传承下去。在漫步学派内部，传记很快就停止了它的特殊机能。它与语文学的联系当然还很紧密，因为真实性的问题以及对文本的解释与传记密不可分。哲学家也大量使用传记，把它当成对付敌对哲学派别的武器。但是更多时候传记只是提供给富有教养人士的娱乐，他们乐于知道哲学家、诗人和国王们的生平故事。我们称之为亚里士多德式生平的那种类型是某种妥协的结果。发现人类多样性格的基本兴趣有其哲学基础，但是吸引人的逸闻趣事与其细节，最终还是要满足普通读者的好奇心。

公元前 2 和前 1 世纪希腊传记文学的发展程度和重要性依然处于推测之中。一个例子就足以显示我们的信息何其不足。如果不是阿忒纳乌斯引述过一次的话（276a‐c），我们永远无法知道埃拉托瑟尼（Eratosthenes）写过一本名为《阿西诺伊》（Arsinoe）的书

---

① *Acutor ad Herennium* 1.8.13 和西塞罗的 *De invention* 1.19.27 提出了另外一种理论，区分了两种类型的记叙，一种基于 negotia（传说、史学以及虚构），另一种基于 personae。R. Reitzenstein, Hellenistische Wundererzählungen (1906) 94; K. Kerényi, Die griechistch‐orientalische Romanliteratur (1927. 2nd ed. 1962) 2; S. Trenkner, *The Greek Novella in the Classical Period* (1958) 183, 使用基于 personae 的记叙来解释或者至少来总结小说。但是这些论文对我来说还不够清晰。尚需参见 K. Barwick, *Hermes* 63 (1928) 261; F. Pfister, Hermes 68 (1933) 457。

(*FGrHist* 241 F16)。这条引述无疑出自公元前 215 年左右。埃拉托瑟尼以个人所见描述了阿西诺伊三世(Arsinoe III Philopator)的生活细节。[85]他告诉我们,有一天他陪在王后身边会见酒神节的庆祝群众,王后表达了对酒神节的厌恶。而她的丈夫托勒密四世(Ptolemy IV Philopator)却是酒神节的热心支持者,故事的意义即在于此。也许埃拉托瑟尼论阿西诺伊的书,与托勒密的儿子米迦波利斯的海格萨库斯(Hegesachrus of Megalopolis)写的关于他父亲的书之间有某种联系,后者用相当的篇幅写了国王对酒神的献祭(*FGrHist* 161 F2)。但是《阿西诺伊》一书的确切性质依然不得而知,它可能是篇传记,也有可能是一篇传记(更有可能是自传)背景下的博学讨论。

如果撒提鲁斯论述欧里庇得斯古卷的发现非常令人惊心地暴露了我们希腊化时代传记知识上的空白,那么最近的另一个发现则更加剧烈地扩大了我们无知的范围。1942 年拉尔森(T. Larsen)出版的《希腊赫尼西斯古卷》(*Papyrus Graeca Hauniensis*)6 看上去包含了一篇公元前 3 世纪的短篇传记,在一种谱系树的框架上包含着许多托勒密的生平。塞格雷(Mario Segre)写过一篇论文——本来只是个初稿,由于作者在纳粹集中营里遇难而未完成——试图证明此文作者受到了罗马 imagines maiorum[祖先肖像]的影响。他的理论不那么令人信服,但是对这一不同寻常的文本的更好解释尚未出现。虽然这篇古卷在公元 2 世纪才被写定,但文本本身看上去是希腊化时代的。我认为也许它能证明伟大的卡西奥多鲁斯(Cassidorus)在公元 6 世纪所写的《古代民族》(*Ordo generis Cassiodoro-*

rum)乃是它的同类(如果它是谱系志与传记合体的话)。①

[86]如果我们能通过研究奥古斯都的同代人、大马士革的尼古拉斯而解决漫步学派传记性质难题的话,那就太好了。② 他接受过亚里士多德主义教育,写过一篇自传和奥古斯都的生平,这两本书都极不寻常地有大量残篇存世。乍一看尼古拉斯的作品非常理想,能够告诉我们漫步学派传记看上去应该是什么样子。确实,他非常直白地显示出对自己学派的忠诚,他按照亚里士多德伦理学描述了他自己以及奥古斯都的道德品质。

但是尼古拉斯的亚里士多德主义非常肤浅。他醉心于给自己和奥古斯都歌功颂德,在其他很多地方都偏离漫步学派的学术习惯甚远。他作品中非歌功颂德的部分是对政治和社会事件的平铺直叙,我从中没有看出任何非常具有漫步学派风格的东西。他的奥古斯都生平乃是希腊化传统中保存最完好的帝王生平。当然,很明显它主要依据了奥古斯都本人的自传,但是尼古拉斯按照自己的风格

---

① M. Segre, "Una genealogia dei Tolemei e le imagines maiorum dei Romani", *Rend. Acc. Pontif. Archeol.* 19 (1942 – 1943) 269 – 280. Cf. A. Momigliano, *Class. Quart.* 44 (1950) 107 – 166; W. Steidle, *Sueton und die antike Biographie* (1951) 177; É. Will, *Histoire politique du monde hellénistique* I (1966) 211. Serge 的文章已经比较了卡西奥多鲁斯。卡西奥多鲁斯的地理学著作通过摘录得以传世,由 H. Usner 以 *Anecdoton Holderi* 为标题首次出版(Bonn 1877)。Mommsen 在他的 *Cassiodori Variae*, p. v (*Mon. Germ. Hist.*, *Auct. Antiquissimi* XII [1894]) 版本中重印。最近的书目见我的 *Studies in Historiography* (1966) 205。

② 对文本的基本注释参见 Jacoby, *FGrHist* 90。R. Laqueur, *RE* XVII, I (1936) 362 – 424 提出了一种相反的解释。参见 B. Z. Wacholder, Nicolaus of Damasus (1962)试图在尼古拉斯的自传与犹太作品之间建立联系。他没有说服我,我同样不相信 W. Steidle, *Sueton und die antike Biographie* (1951) 133 – 140 对尼古拉斯的奥古斯都传记的分析。

对材料进行了重释。据我们判断,这是一篇王朝传记,重点强调的是屋大维对他养父恺撒的热爱与怀念。普鲁塔克也许学习过尼古拉斯的传记技巧。

实际上希腊化时代肯定不仅存在着普鲁塔克型(编年顺序)传记,也存在着苏维托尼乌斯型(系统顺序)传记。例如,在苏维托尼乌斯型传记中,索福克勒斯传记的删节本没有提到任何公元前2世纪之后的作家。[87]关于亚里士多德的《马尔恰那生平》(*Vita Marciana*)是与埃利乌斯论战的作品,它似乎反映了安德尼库斯(Andronicus)写于公元前70年的那篇传记的本质部分,这篇传记是安德尼库斯那部划时代的亚里士多德著作编校版的导言。最近在莎草纸中发现的公元前2世纪的品达生平(*POxy* 2438),使我们对希腊化时代学术研究中发展成熟的综述摘要(summary)文体产生了一点印象。修昔底德的混合式传记被归入马塞里努斯名下,然而就其形制来看不会早于5世纪,但它还是保存了狄德慕斯时代(公元1世纪)关于神秘的家族联系以及相应雅典史学家的神秘死亡之类的博学讨论。这些都是苏维托尼乌斯型传记的随机例证,其实质必然来自亚历山大里亚博学。但是我们应该记住,没有一篇苏维托尼乌斯型传记(就其当前样式而言)会早于奥古斯都时代。

此外,现存的文本证据不足以指明这两种类型传记的差别何时以及如何产生。列奥认为苏维托尼乌斯型传记由公元前3世纪的莱布斯发明,但是缺少能站住脚的证据。我们必须质疑列奥的理论,他认为苏维托尼乌斯式框架从一开始就是一种为保存文学家和艺术家的个性而作的传记,正是苏维托尼乌斯第一个把这种传记用在皇帝身上。其实苏维托尼乌斯式框架只是把写给国王和将军们的颂词的那种系统编排加以精炼而已。奈波斯的两篇非文学传记（关于伊巴米浓达的和伊庇克拉忒斯[Iphicrates]的）更接近苏维托尼乌斯型而非普鲁塔克型。另一方面，十大演说家的文学传记被归入普鲁塔克名下，这是个错误，它们可以被勉强归入苏维托尼乌斯型，但是仍有很多困难。苏维托尼乌斯型更适合作家和艺术家，因为它会对他们的个人品质和作品进行系统分析。[88]但是我们没有任何理由相信它曾经被限定为一种非政治传记。①

进一步的研究或者将来可能发现的新文本也许能够解决苏维托尼乌斯型传记的起源问题，现在还是坦诚我们的无知为好。

我们无论如何都不能假设希腊化时代传记具有任何整齐划一的形式。诗人的生平在结构上不可能与哲学家的一样，国王和将军们的就更加不同了。写作很久以前人物的生平又与写作同代人的生平大不相同。古代诗人的真实回忆少之又少。阿尔齐洛科斯的家乡帕罗斯为他竖立的纪念碑铭文残篇让我们知道，希腊化时代的学者是如何依据诗人的诗歌进行推论，根据古老的年代记、口头传统和想象写作传记的。诗歌与生平的关系本身就是个问题，在处理

---

① 关于苏维托尼乌斯型传记，参见 F. Leo, *Griech - römische Biographie*, esp. 118 - 135(第 135 页论述莱布斯的部分没有说服我)。维拉莫维茨的 *Antigonos von Karystos* (1881) 88 非常不同。参见 A. Rostagni, *Suetonius De Poetis* (1944) XII - XXIV。对列奥理论的关键性评判, W. Steidle, *Sueton und die antike Biographie*, 126 - 127 格外重要。尚需参见 G. Arrighetti, Satiro, Vita di Euripide (1964) 5 - 21。关于马塞里努斯，参见 Bux, *RE* XIV 1450 - 1487。关于品达的传记(Poxy XXVI 2438)，参见 E. G. Turner, *Greek Papyri* (1968) 104 - 106，以及 G. Arrighetti, *Studi Class. Orient.* 16 (1967) 129 - 148(他征引了Turner)。1962 年葛贡在柏林出版了亚里士多德的《马尔恰那生平》。H. Bloch, Trans. Am. Phil. Ass. 71 (1940) 27 - 39 证明了莱布斯并非原创者。

文学证据的时候需要创见、鼓励臆测。哲学家离弟子而去,他们的观点必须被记录下来。国王和将军在一般史书中留下了踪迹,肯定会影响到他们的传记。

关于这个主题还有许多工作要做。从后来那些使用了希腊化模板的传记中可以发现很多东西。但是要依据后来的文本进行推理,其风险不言而喻。比如说,我们知道伊安布里克直接或间接地使用了阿里托塞诺作为毕达哥拉斯生平的材料,其中到处弥漫着伊安布里克本人的新柏拉图主义思想:想要据此对阿里托塞诺进行总结,是非常不安全的。

五

[89] 目前我很难抗拒列奥和维拉莫维茨的如下观点:希腊人对自传一无所知。① 公元前 5 和前 4 世纪自传写作的全部证据,我们之前已经分析过了。公元前 5 世纪用辩护传单为自己辩护的传统在亚历山大及其之后的时代依然存在。很难判断德马得斯(Demades)的辩护词究竟是不是伪造,雅各布坚持认为是(*FGrHist* II D. p. 641)。演说家吕库古(Lycurgus)的《辩护词》(*Apologismos*)肯定是真的,法勒庸的德米特里为其十年统治所作的辩护词同样也是

---

① Wiamoxitz, Intern. Wochenschrift 1907, 1105; F. Leo, Geschichte der römischen Literatur I (1913) 342. 就像 E. Fraenkel 给我写的信(1968 年 2 月 4 日)中所说:"列奥并没有忘记阿拉图斯和其他希腊作家的自传,但是他可能在某个时候认为,他在不同文学形式之间所做的区分过于绝对了。"

真的。一些国王写过回忆录。我们知道 Hypomnemata[回忆录]是皮洛士所作(*FGrHist* 229)。我认为保塞尼阿斯 1.12.2 似乎提到了这些回忆录,愿雅各比安息(*FGrHist* 159 T1):

> 这些书的作者并没有史学家的名号,书的标题是 Memoirs[回忆录]。当我在阅读的时候,我对皮洛士本人在战斗中的勇敢,以及他在战斗即将打响的时候表现出来的预见能力感到极大震惊。

后来阿拉图斯(Aratus)写了一本多卷本自传,从波利比乌斯和普鲁塔克对它的引用来看,它对政治和外交事件的记叙非常丰满(*FGrHist* 231)。

当然,并不是我们所见到的所有希腊化时期的史书性回忆录都能被当成个人回忆录。其中一些是 Ephemerides[起居录],记叙的是国王与王后们的日常宫廷公务生活,被后来的历史学家所利用。① [90]我暂且不述及亚历山大的起居录,最近刚刚发现它居然劫后余生。②

阿里斯提亚(Aristeas)在一封信(298)中提到了托勒密的一本日记。波利阿努斯(Polyaenus)也提到过这位马其顿国王的日记(《谋略》[*Stratagems*],4.6.2),波利比乌斯可能也模模糊糊提到过

---

① 关于 hypomnema 的不同含义,参见 F. Bömer, "Der Commentarius", *Hermes* 81 (1953) 210 – 250; E. G. Turner, *Greek Papyri* (1968) 112 – 124; R. Pfeiffer, *History of Classical Scholarship*, 29, 224f。关于 *Hypomnemata* 和高度完成性文学作品之间的区别,参见 Arrian in Epictetus Praef. 2, Lucian *De conscr. hist.* 16 and 48。关于作为史料的 Hypomnemata,参见波利比乌斯 12.25e。U. Wilcken, Philologus 53 (1894) 80 – 126 是一篇开创性作品。

② A. E. Samuel, *Historia* 14 (1965) 1 – 12 论述了对亚历山大最后光景的记叙乃是巴比伦样式的可能性。

(18.33.3)。至少有一位古代读者认为这本日记非常精彩,像对个人回忆的真实记录。琉善——如果他真是《德摩斯忒涅颂》(*Praise of Demosthenes*)作者的话——说:

> 我曾经读过马其顿王室家庭的回忆录,我在出于莫大机缘得到这本书的时候喜出望外。我到现在都记得在家里阅读它的情景。除了安提帕特(Antipater)家庭活动的细节之外,它还描述了他是如何处理与德摩斯忒涅关系的,我认为你会格外有兴趣想要一听。

这段话清楚表明,一本关于个人回忆的著作——即一部真正的传记——与一部官方日记之间的区别并不总是巨大而深刻的。

无疑,托勒密八世(Ptolemy VIII Euergetes II)的二十四卷本《回忆录》表现出了一种私人甚至私密的特征(*FGrHist* 234),他接受过阿利斯塔克(Aristarchus)的教育,显得与众不同。阿忒纳乌斯读过这些回忆录,但是他的摘录不一定反映了对这位国王的严肃兴趣。有个细节是埃及士兵捡拾洋蓟,拔掉刺之后献给国王(2.71)。还有一段描述国王参观亚历山大里亚皇家动物园的摘录,证明(就像阿忒纳乌斯 14.654 评论的)这位最为伟大英明的国王从来没有如此满意地品尝一只野鸡:

> [91]但是如果他看到今天我们每一个人都在已经吃饱之后用一整只野鸡当点心,他就会在他那部记满了著名故事、已经攒了二十四卷的评论之外,再写满另外一卷书了。

托勒密八世列出了他的伟大祖先托勒密二世情妇们的名字

(13.576e)。他记下了他的邻居、莫拉特尼亚(Mauretania)国王马西尼萨(Masinisa)的问题,他问那些喜欢宠物的人说:"先生们,你们国家的妇女难道不生小孩吗?"(12.518)最后我们还从他那著名的描述中知道了他的同时代人、年轻的安条克四世(Antiochus IV Epiphanes)在罗马当人质时的表现。①

我们必须假设尼古拉斯的自传延续了希腊化的传统,虽然它写成于奥古斯都时代。它的大量残篇显示出了一种事实记录与自我辩护的奇特混合。正如我们曾经说的,他想表明他在按照亚里士多德的伦理学生活。另一方面,他又记录了大量政治事件,可能是要证实或者增补他的奥古斯都传记,纠正他之前曾参与撰写的赫罗德斯(Herodes)的回忆录。

自传式书信肯定从希腊化时代延续下来了。例如,在梯墨尼达写给斯帕西普斯论述狄奥远征叙拉古的信中,我们知道亚历山大给他母亲写过信,内容包括他到印度的探险(阿里安[Arrian]6.1.4)。我们也曾听说过安提帕特(西塞罗《论义务》[De officiis]2.14.48)以及托勒密一世的书信(琉善《突袭》[Pro lapsu]10)。也许马其顿人跟这种文体有什么特殊联系。如果伟大的亲希腊者大西庇阿给马其顿的腓力写过一封描述自己在西班牙军事远征的自传体书信,那他很明显是在沿用一项希腊化传统,但是我们对这封信所知甚少。[92]这种文学体裁在几个世纪之后依然被使用,朱利安皇帝(Emperor Julian)就给雅典的议事会(Boulé)和公民大会(Demos)写

---

① W. Otto and H. Bengtson, "Zur Geschichte des Niederganges des Ptolemäerreiches", Abhandl. Bayer. Akad. 17 (1938), give the historical background. Preiffer, *History of Classical Scholarship*, 212.

过这样的信。

我不会讨论伊索的回忆录是不是罗马人或者希腊化时代的伪造,《苏达辞书》(s. v. Αἴσωπος Σάμιος,《萨摩斯的伊索》)中提过它们。我也不会讨论自传的一种有趣变体,即神的自传。狄奥多罗斯知道在阿拉伯半岛上的尼撒(Nysa)有伊西斯(Isis)和奥西里斯(Osiris)的短篇自传(1.27.3)。现存铭文中确实也有这一类型的神志。① 拉克坦修(Lactantius)写道,优希迈罗斯(Euhemerus)曾经在朱庇特(Jupiter Triphylius)神殿中今亲眼看到朱庇特的自传:"于此碑上刻文,铭记吾之所为。"②

神的作为与国王无二。优希迈罗斯宣称亲眼看到的朱庇特的绩功铭文,与奥古斯都的绩功铭文之间必然存在某种联系。自传式的皇家铭文在希腊化时代也没有缺席,比如托勒密三世(Ptolemy III Euergetes I)的铭文,其文本保存在科斯马斯(Cosmas Indicopleustes)的著作里(*OGIS* 54),此外还有科马根尼(Commagene)关于安条克一世的铭文(OGIS 383)。但是,奥古斯都的绩功铭文并不能一条线地追溯到它的希腊原型那里去,其中有罗马成分,可以追溯到罗马的胜利铭文。维拉莫维茨早在 1886 年就注意到奥古斯都的绩功铭文与保塞尼阿斯 1.5.5 摘录的哈德良在雅典树立的铭文之间具有相似性,这给予绩功铭文的希腊化前身以新的合法性。③ [93]哈德

---

① 凯拜尔 Kaibel《希腊铭文》(*Epigrammata Graeca*)1028;*IG* XII 5.1.739。D. Müller, *Aegypten und die griech. sis – Aretalogien* (1961).

② 《神圣原理》(*Divinae Institutiones*)1.11.33. F. Jacoby, *RE* VI 963.

③ Wilamowitz, Hermes 21 (1886) 623 – 627, partially criticized by Mommsen, Hist. Zeitschrift 57 (1887) 385 – 397 = Ges. Schriften IV 247 – 258. W. Steidle, Sueton und die antike Biographie, 178 – 184, gives more recent literature.

良刻写铭文时肯定追溯了希腊而不是罗马的模板。我们在这里不讨论更加遥远的前希腊(东方)模板。

正如雅各比所说(*FGrHist* II D pp. 639 – 640),罗马人在共和与帝国时代所写的为数众多的、包括从恺撒到塞弗鲁斯诸位皇帝自己写的 Commentarii de vita sua[生平述记]在希腊和希腊化时代找不到对应物。但是,雅各比含蓄地批评列奥和维拉莫维茨,认为自传是罗马人的特色,但不是他们的独创。证据就是,罗马人在向希腊人和马其顿人寄出自传式书信时感觉十分自然。另一位西庇阿(P. Cornelius Scipio Nasica)曾经写信给一位希腊化国王,解释了他与帕修斯的战争。① 这个时候罗马人就已经开始给其他罗马人写自传式信件了。小格拉古(Gaius Grachus)写了一封信或回忆录给庞普尼乌斯(M. Pomponius),信中说了他的父亲、他的兄弟,可能还包括他自己,其中就说到了大格拉古(Tiberius Grachus)那次著名的穿越伊特鲁里亚(Etruria)的旅行。② 卡图鲁斯(Q. Lutatius Catulus)评论过自己公元前 102 年的执政官任期和公元前 101 年的总督任期,他在那段时间里和马略(Marius)一起在韦尔切利(Vercellae)对抗辛布里人。他把这封信寄给了他的朋友、诗人弗里乌斯(A. Furius),大概是想把它转成诗歌。西塞罗观察说它被写成了 molli et Xenophonteo genere sermonis[色诺芬式的和善演说],这绝

---

① 普鲁塔克《保卢斯传》15。
② 普鲁塔克《提比略·格拉古传》8。对于小格拉古作品的文学类型和内容我们并没有足够的信息,参见 H. Peter, *Historicorum Romanorum Reliquiae* I (2nd ed, 1914, reprint in 1967), p. CLXXIX; P. Fraccaro, *Studi sull' etá die Gracchi* I (1914) 31; F. Münzer, RE II A 1375。

非偶然。① 这依然是一种希腊传统。

另一方面,阿拉图斯的自传也许就是鲁弗斯(P. Rutilius Rufus)的公元前105年执政回忆录以及斯卡鲁斯(M. Aemilius Scaurus)的公元前115年执政回忆录的先驱。西塞罗曾经评论后者说:Sane utiles, quos nemo legit. [对于没有读过它的人,当然非常有用。](《布鲁图斯》29.112)[94]苏拉(Sulla)的绩功铭文是我们所知的唯一一个不仅仅是个标题的共和时代自传,它符合希腊样式,对私生活所谈甚少,更多是政治和军事斗争。②

从现存不多的这些自传残篇中几乎不可能辨别出罗马元素。我们从塔西佗(《阿古利可拉传》[Agricola] 1.3)那里知道,卢提利乌斯和斯卡鲁斯之所以写作他们自己的回忆录,不是出于傲慢,而是对自己合乎情理的信任。我们只能瞥见一点苏拉对 fortuna[幸运]的迷信和信仰。苏拉宣布自己有神灵保护,以此赋予他的统治以合法性,后来奥古斯都在他的自传中也是这么做的(不要与他的

---

① 这篇作品似乎可以被定义为 Fronto 在 Epist., p.120 van den Hout: F. Muenzer, RE XIII 2075 中提到的 Catuli Literae[青年书信],但是也有不同观点,C. Cichorius, *Römische Studien* (1922) 102。

② 一般概论参见 E. Norden, *Die römsche Literatur* (4th ed. 1952) 140 – 141 以及 E. badian, in *Latin Historians*, ed. T. A. Dorey (1966) 23 – 26。古代证据参见 H. Peter, *Historicorum Romanorum Reliquiae* I (2nd ed. 1914, reprint 1967)。关于苏拉的自传参见 F. Leo, *Ausgewählte Kleine Schriften* I (1960) 252 (from Hermes 49 [1914] 164); I. Calabi, *Memorie Accad. Lincei* 8, 3, 5 (1950) 245 – 302。关于苏拉的幸运主要参见普鲁塔克《苏拉传》6。我怀疑希腊自传是否了解这种反思,H. Erkell, *Augustus, Felicitas, Fortuna* (1952) 43 – 128 对此有细致的讨论。Peter, *Reliquiae* 的附录列出了新的书目,重印于1967年。

绩功铭文混为一谈)。"蒙神恩宠"(charismatic)的自吹自擂是早期罗马自传的典型特征之一。

列举祖先、葬礼演说、编年史家强烈的家族偏见等都能在罗马共和时代的自传和传记中找到对应物,但是证据很少。① 更为特殊的是,罗马贵族对自传的喜爱也许与一个独特的罗马现象有关,即罗马共和国最后一个世纪中的现实主义(或者说真实主义)肖像。制作这些肖像的艺术家几乎可以肯定是希腊人,但是 imagines maiorum[祖先肖像](祖先的蜡制面膜)只能算作一项罗马传统,这些罗马主顾甚至要求复制得与本人一模一样,皱纹和瘩子都不能少。[95]自传作为自我展示的一种类型,与肖像——自我展示的另一种类型——之间可能存在某种关系。但是推测罗马文学与罗马肖像之间的联系依然过于危险,尤其是罗马现实主义肖像的起源依然是一个争论不休的问题。②

但是在这方面有一个事实也许非常重要。相较于希腊人,在罗马人那里把自传完全与传记分离开来是更加不可能的。如果自我谦虚在罗马人那里只是极其有限的存在的话,对自己家族的谦虚就完全不存在了。共和国传统会有意识地树立 exempla maiorum[记

---

① Cf. R. E. Smith, "Plutarch's Biographical Sources in the Roman Lives", *Class. Quart.* 34 (1940) 1 – 10; L. Ferrero, Rerum Scriptor (1962) 65 – 78.

② Cf. O. Vessberg, *Studien zur Kunstgeschichte der römischen Republik* I (1941); B. Schweitzer, *Die Bildniskunst der römischen Republik* (1948); H. Bouchery, *Gentse Bijdragen tot de Kunstgeschiedenis* 12 (1949 – 1950) 197 – 223; G. M. A. Richter, *Proc. Amer. Philosoph. Soc.* 95 (1951) 184; R. Bianchi Bandinelli, *Archeologia e Cultura* (1961) 172 – 188; V. Poulsen, *Les portaits romains* I, Catalogue of the Ny Carlsberg Glyptothèque of Copenhagen (1962).

忆典范]。罗马贵族和极少数非贵族的名人更喜欢有个被命名为节日的祖先,而非奥林匹斯山上的。贵族们写他们自己的传记施惠于子孙后代,就像他们写祖先的传记是为了让自己受惠一样。如果一个贵族对他自己的荣耀认识不够,被保护人(clientes)会帮助他做到这一点。罗马人让他们的寡妇写作自己的传记而不惧任何风险,戈斯(Edmund Gosse)的哀歌唱道:

> 传记弊端多多,寡妇最为无害。她是最后的胜利者。①

罗马人让朋友和自由奴隶(liberti)来管理他们的自传材料。苏拉的自传是他的自由奴埃皮卡图(Coenelius Epicadus)完成并加以编辑的。皮索拉斯(L. Voltacilius Pitholas)给他的保护人(patron)庞培·斯特拉波(Cn. Pompeius Strabo)和庞培·马格努斯(Cn. Pompeius Magnus)写过传记。② 西塞罗的传记是他的自由奴提洛(Tiro)写的,③被寄给阿提库斯(Pomponius Atticus),作为他执政官任期内的备忘录。④

[96]希腊各哲学学派同样把传记当成了团体的纪念碑,漫步学派不遗余力地书写苏格拉底。在罗马,传记被贵族集团利用。在恺撒独裁期间,它变成了一种表达统治阶级对罗马和异族(主要是希腊)价值观的复杂多变态度的方式。

圣杰罗姆认为瓦罗(Varro)、桑德拉(Santra)以及奈波斯是最早

---

① *Anglo-Saxon Review* 8 (1901) 205–206.
② 苏维托尼乌斯《论文法》(*De grammaticis*)12,7。
③ 阿斯科尼乌斯(Asconius),p. 48 Clark。
④ 《论阿提卡人》(*ad Atticum*)1. 19. 10,2. 1. 1。

的罗马传记作家,他可能是按照年代顺序排列这几个名字的。如果西塞罗在《论阿提卡人》16.11.3 中提到的就是瓦罗《肖像》(*Imagines*)的话,那瓦罗就是在公元前 44 年开始写作的,完成于公元前 39 年。奈波斯主要在公元前三十年代末期写作传记。桑德拉被圣杰罗姆放在瓦罗和奈波斯之间,是一位以诗人和演说家为写作对象的优秀作家。

瓦罗的《论诗人》(*De poetis*)已经不可挽回地全部佚失了。李切尔(Ritschl)和其他学者只能通过与后来的传记作家——像苏维托尼乌斯等人——相比较才得出结论说,瓦罗曾经为罗马诗人写过简短但是相当动人的传记。我们对他《肖像》和《论七贤》(*Hebdomades*)的了解要多一些,它们是瓦罗在为恺撒所建立的图书馆搜集图书时创作的副产品,是希腊化学术的佳作。《肖像》计划搜集七百位名人的肖像,从国王、政治家,到舞蹈家和祭司,乃至诗人、哲学家和史学家等等。每幅肖像都配有一条本人的名言,能够显示其人的性格。诗歌文本似乎还配有散文写成的博学讨论,类似脚注。格利乌斯提过对荷马和赫西俄德生平先后的讨论(3.11)。

有两个显著的特点:瓦罗继承了罗马贵族保存记录祖先肖像(imagines)和头衔(tituli)的传统,与此同时以一种全新方式对它进行了改造。他选择的《肖像》并不限于罗马人,也不再是贵族家庭的私产。希腊人的面貌能够像罗马伟人的一样,为受过教育的读者所知。[97]《肖像》带有一种大胆的国际视野,没有比这更能象征恺撒时代精神的了。老普林尼说瓦罗:"不仅让他们不朽,还把他们送到所有土地上,使他们成为神,因为他们已经无处不在。"(《自然史》[*Natu-*

ralis Historia]35.11)他在这样说的时候就领会了这种精神。①

奈波斯发展了瓦罗的传记观念。他属于塔斐里纳(Villa Tamphiliana)地方的阿提库斯小圈子,肯定在这里见过瓦罗。塔斐里纳小圈子主要关注史学。阿提库斯自己对罗马编年史做过大量研究,尤其精通谱系学。奈波斯写过三部普世史。接着他想出这样一个主意:把各种传记收集起来,比较希腊人和罗马人生活的各个方面,甚至还可以包括一些迦太基人和波斯人。异族国王跟在罗马国王之后,希腊政治家与他们的罗马同行配在一起。众所周知,唯一完整保留下来的部分是关于异族将军的。其他还有老加图和阿提库斯的两篇生平,以及一些论述罗马历史学家的片段。加图生平是奈波斯给自己的一部长篇传记所写的摘要,这篇传记是应阿提库斯的请求而作的。阿提库斯生平已经是第二版,写成于阿提库斯逝世后。很多令人不快的批评说奈波斯对真正的学术十分冷漠。[98]有必要指出,他十分理解西塞罗的信件作为当时档案的价值,"无论谁去读它,都能对这一时期的历史得出不少观念"。他很喜欢把书

---

① 瓦罗写过自传,业已完全佚失。C. Cichorius, *Römische Studien*, 196 – 200 对它有一些大胆的猜测;H. Dahlmann, RE Suppl. 6.1251 探讨了可能由它衍生出来的东西,主要是老普林尼。关于"肖像"我们的信息主要来自 Aul. Gell. *N. A.* 3.10 – 11; Plin. *N. H.* 35.11; Symmach. *Ep.* 1.2.3; 1.4.1; Auson. *Mosella* 305。基本研究来自 F. Ritschl, *Kleine Philologische Schriften* III (1887) 508 – 592。关于《论诗人》的片段,参见 G. Funaioli, *Grammaticae Romanae Fragmenta* I (1907) 314 – 319。F. Leo, *Plautinische Forschungen* (2nd ed. 1912) 63 – 86 对罗马传记传统尤为重要。H. Dahlmann, *RE* Suppl. 6 (1935)关于瓦罗的论文提供了更多信息。F. Della Corte, *Varrone il terzo gran lume romano* (1954) 没有增添多少。现在可以参考 H. Gerstinger, *Jahrb. d. Oesterr. Byzant. Gesellschaft* 17 (1968) 269 – 278。

信写进传记,这又是一个希腊化特征。①

两篇很明显来自奈波斯的小格拉古生平片段包含有考涅莉娅(Cornelia)写给她小儿子的书信(frag. 58 Malcovati)。这些书信是不是考涅莉娅自己写的不得而知。奈波斯可能被反格拉古宣传欺骗了。②

阿提库斯也模仿瓦罗出版了一系列罗马伟人集,每幅肖像底下都配有四五行的名言(奈波斯《阿提库斯》[Atticus]18.5 - 6;普林尼《自然史》35.11)。奥古斯都可能就是受到了瓦罗和阿提库斯编纂集的启发,下令在罗马和意大利其他城市的广场上树立伟人半身像并刻写适当铭文。③ 但就如我们所见,阿提库斯、瓦罗、奈波斯都不是奥古斯都意义上的爱国者。他们发展出了一种全新的、更加国际化、更加具有人性趣味的传记。

奈波斯使传记获得了新的维度,使得希腊和罗马伟人的功业能够放在一起比较。如果没有奈波斯,马克西姆(Valerius Maximus)

---

① 最近关于汉尼拔、卡图和阿提库斯传记的最好版本是 M. Ruch (1968)。参见 Büchner, "Humanitas: Zur Atticus - Vita des C. N.", Gymnasium 56 (1949) 100 - 121 = Sthdien zur römischen Literatur I (1964) 19 - 41, 194 - 196。参见 U. Fleischer, Festschrift B. Snell (1956) 197 - 208; H. rahn, Hermes 85 (1957) 205 - 215。Rahn 否认奈波斯再次编辑过他的传记,但是他的论证没能说服我。Datames 的生平看上去是在后来添加的。概述性研究参见 G. Wissowa, RE IV 1408 - 1417; M. Schanz and C. Hosius, Geschichte der röm, Literatur I (1927) 351 - 361。

② E. Fraenkel(Leseproben aus Reden Ciceros und Catos [1968] 161 - 163) 是最近的一位杰出学者,他无条件地相信考涅莉娅的书信是真实的,他的前辈还有蒙森和列奥。但是还要参考 P. Fraccaro, Opusula II (1957) 43 的谨慎评论。

③ A. Degrassi, Inscriptions Italiae XIII 3, Elogia (1937)。关于最近在塔尔奎尼亚(Tarquinia)发现的颂词(elogia), M. Torelli, Studi Etruschi 36 (1968) 467 - 470 给出了新的阐释和参考书目。

和普鲁塔克都是不可想象的。奈波斯肯定还在让罗马人了解历史与传记的希腊化区分方面发挥了作用。① [99]奈波斯的传记直到公元4世纪晚期还被人欣赏。我们知道富有学识的普布罗斯(Aemilius? Probus)在提奥多西斯一世(Theodosius I)或者提奥多西斯二世(Theodosius II)在位期间还在阅读奈波斯(可能是他的抄本)。出于抄本传统中某种无法解释的意外,普布罗斯取代了奈波斯,被当成外族将军生平的作者。早期的意大利人文主义者(如伯伦唐[Sicco Polenton])把这些传记与加图和阿提库斯的传记放在一起比较的时候发现了这个错误,把这些传记重归奈波斯名下。②

公元前30年前后哈利卡纳苏斯的狄奥尼修在罗马发现了不少传记,出于对它们的兴趣,他在写作希腊演说家的时候研究了这些传记的年代,以查明其作者。③

---

① 《佩洛皮达》第一卷(Pelopidas I):"我要是开始解释这些事件的话,我怕人们会怀疑我写的不是传记,而是历史了。"我相信这种区分还在以下地方被暗示过, Ad Herenium 1. 8. 13; Cic. De invent. 1. 19. 27。但是这一点尚且无法确定。Asclepiades in Sextus Emp. Adv. Mathem. 1. 253.

② L. Traube, Sitzungsb. Bayer. Akad., 1891, 409 – 425 = Vorlesungen und Abhandlungen III (1920) 20 – 30; M. Schanz, Gesch. der röm. Literatur I, 2 (3rd ed., 1909)154 – 155; W. A. Baehrens, Hermes 50 (1915) 266 – 270. 对汉尼拔传记结尾处波布斯(Aemilius Probus)隽言妙语的解释尚且存疑,由此造成许多错误。这可能与奈波斯无关。关于伯伦唐,参见 Sicco Polenton, R. Sabbadini, Le scoperte dei codici latini e greci ne' secoli XIV e XV (1905, reprint 1967)。D. Lambinus 的奈波斯评注本(Paris 1569)导言基本事实都是正确的。S. Mazzarino, Stilicone (1942) 244 n. 3 试图解释"埃米利乌斯"(Aemilius)。

③ 我们主要通过狄奥尼修论述狄纳克斯(Dinarchus)的传单来判断他, ed. G. Marenghi (Milano 1970)。

传记在帝国时代获得莫大声誉,其原因却自相矛盾。传记一方面是讲述皇帝故事的天然形式,另一方面又是承载非正统政治和哲学理念的工具。在图密善(Domitian)独裁时期撰写拜萨瑟斯(Paetus Thrases)和普利斯库斯(Helvidius Priscus)的传记或颂词(就像汝提库斯[Arulenus Rusticus]和塞内西奥[Herennius Senecio]做过的那样)被认为是一种大不敬。普鲁塔克、塔西佗和苏维托尼乌斯时代的特征是,作家们拒绝向这一 felicitas temporum[幸福时代]投降,拒绝把传记当成帝国宣传的工具。[100]从传世的普鲁塔克帝王传记判断,他不是一个歌功颂德之人。塔西佗只写过一篇传记,对象并不是皇帝。苏维托尼乌斯写过恺撒的传记,他对皇帝的描述和记录方式通常是为了满足读者对于普通人的好奇心——都是有死的凡人。

罗马传记没有帮助皇帝们升入不朽,总结出这一点令人愉快。

结　语

[101]虽然关于公元前5世纪的证据非常之少,我们还是能依稀看出最早的希腊传记与自传出现在公元前500到前480年这个时间段内,是与谱系志和地理志等著作同时出现的。

公元前5世纪智识生活的一个重要特征是发展出了一种全新的研究分支:史学。史学暗示着一种尝试,要在使用理性原则对史料加以批判的基础上,赋予关于遥远和晚近事件的知识以一种秩序。在这个过程中会发现某些事项信息比其他的更好。原因的观念被系统带入人类事件之中,成为对它们进行解释的不可或缺的组成部分。有三种元素推动了史学新观念产生:对传统神话和谱系志的怀疑,对异族土地和政治制度的好奇,以及对——无论是不是同一个民族的——人类类型多样性的兴趣。但是给予史学研究以别样风格并促使其成熟的,是谱系志和游记地位的不断降低,让位于对政治和军事事件——尤其是晚近发生的希腊政治和军事事件——的批判式记叙。希罗多德和修昔底德无疑是这一发展过程中的翘楚,他们的声望遮挡了其他一切公元前5世纪针对人类的调查研究的光辉。对地方史、政治制度、风俗和语言的研究都出现在公元前5世纪,但是都没有对政治历史的研究那样有名,那样有影响。

[102] 我认为传记是公元前 5 世纪史学新兴趣中那些相对不引人注意的新产品之一，之所以不引人注意不是因为后继乏力，而是当时的成果不多。我们对那个世纪的传记写作所知甚少，但是粗略来说可以归为三类。第一是对显赫的同代人的记叙，这一类记叙可能部分具有自传的性质。其次是对过去文学人物的研究，有些时候它纯粹是为了满足个人好奇心，还有些时候它与对诗歌或智慧之性质的研究联系在一起。最后是一种尝试，要把神话英雄的生平按照某种顺序组织起来。我们不知道希腊人的这种发展是不是得益于他们的东方邻居。但是我们一定要记住，希腊史学最早是在波斯人占领的区域中发展起来的。有一些证据表明希腊人很了解东方故事。

公元前 4 世纪的哲学和修辞学派发展了谈论个人的艺术——包括最重要的个人，即自己。修辞学家创造出了关于个人的颂词散文。哲学家们则发展出关于哲学家和国王的理想传记。修辞学家和哲学家都使用辩护词和书信来描述一个人的特征。这一发展充满了模糊性。修辞学家与哲学家一样，随意地混合使用真实与虚构。柏拉图对历史事实的关注并不比伊索克拉底更多。即便像色诺芬这样接受过哲学家教育的历史学家，在写作颂词和理想传记的时候也会忘记真相。可能正是由于这种模糊性或者说受其启发，关于个人生活的探究在公元前 4 世纪取得了极大进展。它覆盖了新领域。对个人特征的总结、描绘相貌的艺术、对人类动机的研究，都变得更加精细了。这一未成年时期极其关键而且重要。色诺芬在《长征记》中描绘了将军们的形象。[103] 泰奥庞普斯认识到个人的重要性，在《腓力战记》中把一个人置于史书叙事的中心。亚历山大大帝的历史学家们效仿了他的榜样，但是传记与史学并没有融合。

亚里士多德认识到,仔细收集个人生平的真实事实对构建他自己的哲学有非常积极的作用,对他的诗学、伦理学和政治学尤其有用。他让自己的弟子们研究史学。

亚里士多德自己从没写过传记,但是他尝试过写作逸闻趣事。除了个性叛逆的阿里托塞诺之外,漫步学派是否写作过完全形态的传记还有争议。阿里托塞诺加入漫步学派之前师从毕达哥拉斯学派,他在传记写作方面受益于毕达哥拉斯学派多少,这是另一个谜团,但他似乎是赋予传记新样式的第一人。我们所谓的希腊化传记具有鲜明的博学特征,具有学术激情,追求细节真实,满是闲言碎语,这些看上去都是阿里托塞诺自己的创造而不是亚里士多德的。很明显它更加适合希腊化时代新兴的对细节、博学和优雅闲谈的关注。修辞家和传记作家依然在写辩护词和颂词。但是这种已经被称为 bios[传记]的东西已是一种独立的、略带幽默的对事件和个人性格的观点陈述了。如果所关注的个人乃是一位国王或政治家,传记就依然与政治史关系紧密。此外,传记既描述哲学家、诗人或艺术家的个人性格,也关注这些人所属学派的特征。

自传不能简单地与博学混为一谈。看上去希腊化时代的国王和政治家们把写作自传当成了一项特权,一种自我证明与辩护的工具。出于同样原因,罗马政治人物在公元前2世纪从希腊人那里借来了自传。罗马统治阶级过去为他们自己的祖先撰写颂歌,现在开始兴高采烈地撰写自传。传记到达罗马的时间似乎要晚一些,在公元前1世纪。[104]它在奈波斯和瓦罗手中变成了一种把罗马与希腊和其他异族进行比较的方式。这就造就了一种世界公民。希腊与罗马文明的碰撞增长了对传记的兴趣。如此之多的传记材料,包括希腊的与罗马的,从罗马帝国时代保存下来,我认为这绝非偶然。闲言碎语、无甚价值的博学知识等元素依然在帝国时代的传记中发挥着重要作用,但是从整体上我们感受到一种新的氛围。传记作家们在生者与死者之间建立起一种意义重大的联系。贤者、殉道者、圣徒们开始成为传记的主角,而不再仅仅是国王、哲学家、作家。

  希腊人和罗马人认识到,撰写一个人的传记与撰写史书并不是一回事。也许我们能更进一步。也许我们能把传记一点不剩地吸收到史书中去。但是我们不能太着急。通过把传记与史书相分离,希腊和罗马人能够欣赏是什么构成了一位诗人、一位哲学家、一位殉道者、一位圣徒。他们同样能够欣赏国王或政治家所具有的人性。那个形象模糊的人物,卡利安达的斯齐拉克,印度海岸的探险者,第一位传记作家,给我们留下了一个难题。

附录　再思希腊传记

一

［105］过去二十年里关于传记的两本最激动人心的专著都来自荷兰，罗曼（J. Romein）《论传记》（*De Biografie*, 1946）和德雷斯登（S. Dresden）《论传记的结构》（*De Structuur van de Biografie*, 1956）。它们身后屹立着探索史学思维形式的伟大荷兰传统，那个高贵而备受恩宠的人物——赫伊津哈（Johan Huizinga），就是这一传统的集大成者。因此我的第一个任务就是偿还欠这个国家历史学家和学者们的人情，这份人情比我从他们那里学到的史学史知识多得多。对我而言再也没有比当选荷兰皇家科学学院外籍院士更高的荣誉了。但是我接下来要趁此机会，觍颜向我们的主席德雷斯登教授承认，有几个关于希腊传记的问题是我无法解决的。我很肯定，出于最大的善意，德雷斯登教授不会告诉我黑格尔派哲学家博朗（G. J. P. J. Bolland）在1907年写信给克罗齐讨论黑格尔理念时说了些什么。博朗的原信是德语，我不得不从克罗齐的意大利语译文中译出：

很不幸,克罗齐先生,你还没有参悟理念的深层,我问自己这对一个意大利思想家来说究竟是否可能……[106]我自己说的是一种比德语更加微妙的语言,这种语言也许是唯一一种使一切智识成其为智识的语言。①

克罗齐也许当不起博朗的责备。但是我认为荷兰语确实是一种十分精细的语言,德雷斯登教授以极高的文学标准和强大的哲学力量分析了传记的结构。

我把自己的讲话称为 Second Thoughts on Greek Biography,因为它比一卷本小书《古希腊传记的嬗变》出现得要晚,那是我 1968 年在哈佛大学杰克逊讲座上的演讲。但是我今天所要探讨的 Aporiai[难题]来自我希腊传记研究的最新成果,代表我对这一问题的"初思"。我在哈佛的时候看上去更加关注主要的事实,而搁置了我认为有疑问、有争议的背景。我今天在这里所要尝试解释的是,为什么我不愿意承认希腊化时代的亚里士多德哲学对希腊传记有直接影响。

如我们所知,圣杰罗姆的《名人传》在把"漫步学派的赫米普斯、卡里斯都的安提柯、博学多识的撒提鲁斯,以及他们之中最为博学的那个人——音乐家阿里托塞诺"这几个人当成文学传记大师的时候基本上照搬了苏维托尼乌斯。我必须强调,圣杰罗姆在这里所说的仅限于作家传记,苏维托尼乌斯在他自己的《名人传》里一定也是这样做的:"赫塔里斯、德克斯特和苏维托尼乌斯按照顺序排列了教会作

---

① B. Croce, *Aneddoti di varia letteratura*, IV, 2 nd. 1954, p. 393.

家以及关于异教伟人的文学著作,我自己也要这样做。"

事实上圣杰罗姆(可能是他之前的苏维托尼乌斯)所提到的四个名字中有三个都与漫步学派有关系。[107]赫米普斯生活在公元前200年左右,圣杰罗姆自己宣称他是"亚里士多德主义者"。阿里托塞诺从毕达哥拉斯学派转到了漫步学派,被认为是学派中亚里士多德的继承人。阿忒纳乌斯称撒提鲁斯为漫步学派成员(VI 248 D,XII 541 C)。只有卡里斯都的安提柯不可能是漫步学派,根据维拉莫维茨对其生平的重构,此人年轻时就加入了埃雷特里亚的迈涅德慕斯小圈子。

四位传记作家中有三位是亚里士多德主义者,足以使我们假设传记和漫步学派之间存在某种特殊关系。虽然圣杰罗姆说的只是文学类传记,但我们必须意识到,赫米普斯和他的同时代人撒提鲁斯都不曾限定自己只写文学家传记。赫米普斯写过立法者,撒提鲁斯写过君王和政治家。

但是,更多一般性问题随之而来:是否存在一种关注不同人物类型的漫步学派传记? 亚里士多德是不是希腊传记的创造者? 这两个问题都由列奥在他七十年前出版的经典著作《亚里士多德本人在文学领域,以及同样在政治史中开创的传记研究》(*Die biographische Forschung hat Aristoteles selbst in die Wege geleitet, auf literarischem Gebiet, aber auch auf dem der politischen Geschichte*)中得到了肯定的回答。① 经过众多讨论之后,列奥的理论得到了新发现的证

---

① *Die griechisch-römische Biographie*, p. 316. Cf. Wilamowitz, *Antigonos von Karystos*, p. 151, "indess das Jahehundert tat den Schritt zur Biographie nicht".

实,比如迪勒在重要成果《希腊传记研究》中指出,柏拉图的《申辩》是希腊传记的主要原型,但是亚里士多德的《伦理学》(*Ethics*)对后来传记的影响才是主要的。[108]迪勒的结论基本上被我们这个时代希腊哲学研究最具权威的两个学者,弗里茨(K. von Fritz)①和葛贡②接受了,他们都很重要,后面还会提到他们。

列奥或迪勒以及他们的追随者都不曾坚持说传记是全副武装地呐喊着从亚里士多德脑袋里蹦出来的。传记的先驱中最著名的就是伊索克拉底和色诺芬,他们的《埃瓦戈拉斯》和《阿格西劳斯》被认为是公元前4世纪颂词的样板。

但是也许会有人争辩说,亚里士多德之前、公元前5和前4世纪传记试验的多样性和重要性尚未得到足够重视。还有人争辩说,后亚里士多德的希腊化时代的传记试验被低估了。我在杰克逊讲座上对这些问题进行了长篇论述,不打算在这里回头去讲,但是会就其中重要的部分略微一说。

---

① *Gnomon* 28, 1956, pp. 326 – 332. Cf. *Histoire et Historiens dans l'antiquité*, Fondation Hardt, Vandoeuvres 1956, pp. 104 – 106, 133 – 135. 我在这里不讨论是否所有漫步学派成员都具有相同的历史理论问题。如果说杜里斯(Duris)反映了漫步学派思想的话(F. Gr. H. 76 F1),那也不是他的老师泰奥弗拉图的思想。F. Wehrli, Eumusia E. Howald, 1947, pp. 54 – 71 是这一问题的基础文献。尚需参考 F. Walbank, *Historia* 9, 1960, pp. 216 – 234; C. O. Brink, *Proceed. Cambridge Phil. Soc.* 186, 1960, pp. 14 – 19。

② 《古代世界大辞典》(*Lexikon der Alten Welt*, 1965)中的"传记"(Biograpie)词条虽然简短,但其重要性不容抹杀。A. J. Podlecki, "The Peripatetics as Literary Critics", *Phoenix* 23, 1969, pp. 114 – 137 这篇文章很有用处,但是没有区分对传记和其他文学样式的批评。我亏欠普法伊费尔(R. Preiffer)的《古典学术史》(*History of Classical Scholarship*, 1968)太多太多,它清晰界定了真实的漫步学派学术。

公元前 5 世纪的大部分史书都已经散佚了,只有希罗多德和修昔底德除外,卡利安达的斯齐拉克在公元前 500 年左右写过米拉萨的僭主赫拉克利特,我们已经不可能知道他的记叙究竟是什么样子。我们也完全不知道利基翁的德亚根尼所写的荷马生平都有什么,这篇作品似乎属于同一时期。有很多流行于公元前 5 世纪尤其是后半期的论述诗人、音乐家和贤者的作品,也都散佚了。我们对希俄斯的艾戎所写的自传式回忆录以及塔索斯岛的斯特辛布罗的传单所包含的传记片段所知也很有限,他们都是公元前 5 世纪作家。

[109] 然而这些模糊的信息足以指明,在地理志、谱系志和政治史等著作开始流行的时候,传记和自传就已经登上了希腊舞台。斯齐拉克和德亚根尼是赫卡泰乌斯的同代人。斯齐拉克与赫卡泰乌斯一样写过地理志。文学史作家们——兰萨库斯的美特多罗斯(Metrodorus of Lampsacus)、利基翁的格劳库斯(Glaucus of Rhegium)、希吉昂的达玛斯忒(Damastes of Sigeum),更不用说斯特辛布罗和艾戎——差不多都是希罗多德、修昔底德、拉普萨库斯的卡戎(Charon of Lampsacus)的同代人。相较于其他书写遥远过去的神秘事件,以及书写晚近发生的政治军事事件的各种史书类型,传记与自传并未更早或更晚出现。传记和自传与政治史平行发展,从未被后者吞没。传记与史书(特指政治史)之间的分离在希腊化时代被理论化,但是在公元前 5 世纪就已经发生了。

我们在这里无需回答那个招惹是非的问题,即为什么希腊史学最早产生于公元前 5 世纪。但是我们要认清一个事实,传记与史书的二分法与希腊史学本身一样古老。无论我们赋予这种二分法以怎样的哲学或社会学内涵，它都比亚里士多德本人还早。公元前5和前4世纪的一系列传记试验促使我们假设一种与史学不同的意识觉醒。

历史学家被认为应该讲述事实。当他迫不得已说出一些未经验证的谣言时，他应该加以说明：这是道听途说来的。这是希罗多德和修昔底德所树立的规则，它经常被打破，但一直被认为是合法有效的。公元前4世纪的史学处在修昔底德统治之下。即便那些想要逃离他的人，比如埃弗鲁斯和泰奥庞普斯，也摆脱不了他的影响。

[110]我们会怀疑，对于证据的修昔底德式标准，甚或更为宽松的希罗多德式标准是否适用于传记。修昔底德写作的时候没有援引过传记。在公元前4世纪中传记的主要形式是颂词，修昔底德不会赞同这种形式。其他形式都徘徊在真实与虚构之间，尤为重要的是，色诺芬《居鲁士的教育》完善了——如果不是发明了的话——传记小说。

公元前4世纪对于人类生活的探究经常采用传记和自传的形式，但是它们没有在真实和想象之间做出清晰而持续的区分。有时候自传叙事是严格属实的，例如色诺芬的《长征记》。但是传记和自传又有可能采用虚构演说的形式，像柏拉图的《申辩》或者伊索克拉底的《论交换》。对话录或 *obiter dicta*［附论］也被认为是想象的产物。没人会费心去证实柏拉图的谈话录或者色诺芬的《回忆苏格拉底》究竟是不是苏格拉底谈话的真实记录。它压根不是问题。自传书信在公元前4世纪下半期变得流行，据说其中最著名的一些都出自柏拉图之手，如果你相信《第七书》是真实的话。亚历山大确实给他的母亲写过几封书信描述他的远征。至少我们可以说,在这些自传体书信中自我宣传和辩护扮演了主要角色。

传记和自传同时也是真实法庭辩论的组成部分。伊索克拉底的演说《论马队》使我们知道了对阿尔喀比亚德最早的传记描述,德摩斯忒涅的《论华冠》则在很大程度上是一篇自传。在这两篇演说中我们都不指望作者会把"真实"当成首要任务。

因此我们必须承认这样一个事实,自传和传记叙事的某些形式在公元前5和前4世纪就已经存在。我们对公元前4世纪的了解多一些,其间的一些作品以在真实和虚构之间令人不安的模糊为主要特征。[111] 确立这个基础之后我们就可以问:希腊化时代的传记究竟有什么新发展?这种新发展究竟在多大程度上取决于亚里士多德哲学?

二

在尝试解答这两个问题的时候,我们必须面对证据匮乏的问题。《奥克西林库斯古卷》1176 的发现使我们有了大量撒提鲁斯的欧里庇得斯传记残篇,这位作家生活在公元前3世纪晚期。此外我们只有零星的希腊化时代传记作家的引述。来自赫米普斯的最多,但最重要的则来自卡里斯都的安提柯,一来他本身就很重要,二来维拉莫维茨十分深入地研究过他。赫米普斯、阿里托塞诺、尼安瑟斯、苏斯的阿瑞苏(Ariso of Ceus)、苏提翁以及其他人留下来的东西都不足以让我们重建他们传记的样式,最多能对他们有个大概了解。

要研究希腊化时代传记的样式,或者说众多样式,除了《奥克西林库斯古卷》1176 和安提柯的残篇之外,我们还必须转向奈波斯和大马士革的尼古拉斯。他们每一个人身上都存在独特的问题。奈波斯在公元前 35 年左右用拉丁语写作,公元前 32 年他的赞助人阿提库斯逝世,奈波斯从此改进了传记写作方法。可以肯定他很熟悉希腊传记作家,但在他之前还有其他拉丁传记作家。Sic et simpliciter[一言以蔽之],他不足以成为希腊化时代传记作家的代表。他的希腊政治家传记过于简短,不足以向我们详细指明他所引述的史料的结构。关于加图和阿提库斯的诸多传记最富于教益,它们反映的乃是当时的拉丁人文主义,而不是三个世纪之前的希腊理念。

大马士革的尼古拉斯记叙奥古斯都生平的长篇传记残篇更能代表希腊化时代的传记样式,这位作家用希腊语思考,是漫步学派哲学家。他可能使用了漫步学派的样式。这里我只想指出一点,我们不知道自己究竟对他的奥古斯都传记了解多少。[112]拉克尔和施泰德认为他是在皇帝死后才开始写作的,而且整篇传记肯定已经完成了。这样的话我们手上的传记就只是他全部传记的一小部分,因为传世的残篇虽然篇幅很长,但是只写到了公元前 44 年。

我不想重新讨论这个问题,只简单介绍一下自己的观点。现存证据倾向于这样一种假设:尼古拉斯只写了部分传记,也许不会晚于公元前 20 年,记叙到奥古斯都掌握大权为止。① 它的前身是关于君王们的 Lehrjahre[教育阶段]的著作,包括色诺芬的《居鲁士的教育》以及奥涅克利图斯和马西亚斯论亚历山大教育的著作。

---

① Cf. B. Z. Wacholder, *Nacolaus of Damascus*, Berkeley 1962, p. 25.

检验这些证据的目的是质疑列奥研究的出发点,他试图从公元 2 和 3 世纪的拉丁、希腊传记中总结出希腊化传记的性质。1901 年列奥提出了一种划时代的分析,把苏维托尼乌斯型传记与普鲁塔克型传记区分开来,前者是对一个人不同方面特征进行系统而静态的描述,后者则按照年代顺序讲述一个人的生平,强调其道德意志。列奥认为普鲁塔克型和苏维托尼乌斯型都源自漫步学派样式。虽然他从未清楚表明这是如何发生的,但是总体上他坚持认为是某个亚里士多德的学生,最可能的就是阿里托塞诺,发明了普鲁塔克型,稍后一段时间里某个属于同一学派的人,也许是莱布斯,为使传记适应文学史的需要而创造了苏维托尼乌斯型的框架结构。根据列奥的观点,苏维托尼乌斯本人第一个使用了苏维托尼乌斯型框架来描述一个人——比如说罗马皇帝——的活动,在他之前这一类型的传记被认为只适用于作家和沉思者,即那些过着 vita contemplativa[沉思生活]的人。

即便是粗略看来,列奥的理论也不能完全令人满意。[113] 就我们所知,阿里托塞诺——这个被认为是普鲁塔克型开创者的人——只写过哲学家的传记(毕达哥拉斯、阿奇塔斯、苏格拉底、柏拉图)。我们当然可以辩称阿奇塔斯是个实践者,是个哲学家,同时也是政治家,但是我非常怀疑这个理由是否充分。同时也很难看出苏维托尼乌斯型传记中有什么明显属于亚里士多德主义的成分。我能看出为什么普鲁塔克型传记看起来像亚里士多德伦理学的副产品:按照亚里士多德的观点,性格的美德乃是从幼年时就开始训练的结果。普鲁塔克型传记非常适合于展现一个实践者如何通过持续从事正确之事而获得其德性。但是苏维托尼乌斯把美德与邪恶当成材料，对人的描述是静态的，丝毫没有强调人的训练和实践。迪勒教授在他那部评述普鲁塔克的极具价值的专题论文中捍卫和论证了列奥的观点，我并不惊讶，但是正是他对普鲁塔克的强调加深了我的怀疑。事实就是，苏维托尼乌斯型传记与亚里士多德伦理学之间并不存在明显、直接的联系。

此外，这种联系在普鲁塔克型传记那里真的也这么明显吗？对我而言这是问题的症结所在。列奥和迪勒认为，普鲁塔克受到之前漫步学派传记作家的影响，是一位使用漫步学派术语思考的传记作家。我认为这个命题在两个方面都有问题。我不能肯定普鲁塔克是在严格使用漫步学派术语写作传记；即便他是，我也不能肯定他是否受到了漫步学派传记作家的影响。就像弗里茨已经发现的，亚里士多德伦理学强调持续的道德选择并以此塑造一个人的性格习惯的重要性，它反映的是希腊道德的一般态度。① 普鲁塔克对道德行为的分析很难说一定是亚里士多德主义的，迪勒也承认，他并没有与漫步学派的专门术语保持一致。

[114]一个思想家有他自己的权利，我们不能轻易相信普鲁塔克仅仅是在接受和复述以前的传记作家说过的东西。我们有充分理由认为，很多时候普鲁塔克甚至没有使用之前传记作家的材料。迪勒深入分析了《克里奥米尼传》，试图证明普鲁塔克使用了漫步学派的概念，但他恰恰证明了，如果普鲁塔克真的把历史学家斐拉克斯(Phylarchus)作为他的主要史料来源的话，那他就几乎没有使

---

① *Gnomon* 28, 1956, p. 30.

用之前传记作家的材料。①

我们可以肯定普鲁塔克在一处地方使用了——而非参考了——一篇传记史料,但是它证明的却是相反的东西。很久以前就有人发现,赫米普斯肯定是普鲁塔克《梭伦传》的主要史料来源。普鲁塔克三次称引赫米普斯(2,6,11),他援引的其他大部分史料都早于赫米普斯,是通过赫米普斯才知道的。此外,普鲁塔克没有指明阿纳卡西斯(Anacharsis)会见梭伦故事的史料来源,但是与拉尔修(I. 101)所援引赫米普斯的记叙具有相同的细节,语言也十分相似。缪赫(Peter von der Mühll)在一篇非常重要的论文中总结说,普鲁塔克的《梭伦传》整篇都是对赫米普斯的摘要。② 这一论证并不完全,甚至也不恰当,因为关于梭伦立法的一大部分,普鲁塔克援引的乃是狄德慕斯。但是关于梭伦的青年时代、他的旅行、他与其他贤者的关系、他的政治活动等故事肯定都来自赫米普斯。这些段落中对梭伦的性格评价都没有使用严格的哲学术语。第 3 节中所有关于 emporikos bios[商业生活]、商人习俗的典故都很难归入漫步学派思想对于生活类型的划分。

这些段落具有早期希腊化传记的特征,探讨了梭伦的诗歌以及一大堆无关紧要、琐碎闲谈式的细节,没有任何完全属于漫步学派的东西。换言之,在那些我们可以肯定普鲁塔克追随了某位公元前 3 世纪漫步学派传记作家的地方,却并没有什么亚里士多德主义特

---

① Cf. for instance T. W. Africa, *Phylarchus and the Spartan Revolution*, Berkely 1961, p. 41, and above all E. Gabba, "Studi su Filarco", *Athenaeum* 35, 1957, p. 49.

② *Klio* 35, 1942, pp. 89 – 102.

有的东西;相反《克里奥米尼传》中的亚里士多德主义元素却出自普鲁塔克本人(虽然并不完全可信)。

[115]一种直接而深远的亚里士多德哲学影响只有在两个条件都得到满足后才能成立:(1)希腊化传记在很大程度上具有统一样式;(2)传记内容包含大量典型的亚里士多德思想。我认为这两个条件都未得到满足。

列奥著作出版后的七十年里,如果有什么事情变得更加清晰的话,那就是希腊化传记不可能完全被限定在他天才分析出的两种类型之中。《奥克西林库斯古卷》1176 中发现的撒提鲁斯的欧里庇得斯传记乃是一篇对话体传记,这出乎所有人的意料,说明希腊化传记文学的精密和复杂程度超出了列奥的想象。我们由此察觉到,古代晚期帕拉狄乌斯、塞弗鲁斯、大贵格利等人的对话体传记必定有其早期原型。

后来《赫尼西斯古卷》6 的发现显示了另外一种出乎意料的传记类型:与家谱树配套的短篇传记。我那令人难忘的朋友塞格雷立即建议把它与卡西奥多鲁斯的《卡西奥多鲁斯族谱》(*Ancedoton Holderi*)进行比较,这是公元 6 世纪一本古怪的小家谱。① 无论塞格雷是否正确,《赫尼西斯古卷》6 都与希腊化时代的其他传记在类型上截然不同。

最后,我们发现了《奥克西林库斯古卷》2438,一篇关于品达的新短篇传记。虽然这篇古卷写定于公元 2 至 3 世纪,但它所包含的传记却写成于几个世纪之前。它对文学文本和档案的引用具有希

---

① *Rend. Accad. Pontif. Archeol.* 19, 1942 – 43, pp. 269 – 280.

腊化时代的风格,但是完全没有我们通常认为希腊化传记所应有的想象和荒诞细节。①

[116]即便是那些希腊化时代传记的传统证据,也显示出比漫步学派源头理论所能允许的多得多的类型。我们现在能够体会葛贡教授评论中的暗示,传记中完全没有所谓的漫步学派样式。列奥本人也不失敏锐而公正地发现奈波斯的小书中包括了各种类型传记的样板。

公元前4世纪的颂词依然繁荣,伊索克拉底的《埃瓦戈拉斯》和色诺芬的《阿格西劳斯》可能就是它的两种变体。色诺芬《居鲁士的教育》也是颂词影响下的作品。希腊化时代早期的某些颂词作家——都是伊索克拉底的学生——到漫步学派那里去寻求一种更好的哲学,或者说更好的修辞理论。斐利苏斯(Philiscus)写过他的同代人来库古,是这种跨越的例证。狄奥德克特(Theodectes)写过伊庇鲁斯的亚历山大(Alexander of Epirus)的颂词,看起来他跟他的父亲一起从伊索克拉底那里投入亚里士多德阵营。这就暗示着在伊索克拉底学派颂词与我们所谓的漫步学派传记之间存在某种联系。

因此我们要问一问:斯帕西普斯和克利尔库斯所写的柏拉图颂词是不是以伊索克拉底为原型? 波利比乌斯写过三卷本的斐洛佩门颂词。他在《历史》中说的话(10.21)看上去是在暗示它与色诺芬《居鲁士的教育》之间有联系。西塞罗的《论演说家》2.341 暗示说,在他那个时代依然流行着很多关于希腊人的颂词 encomia 或

---

① I. Gallo, *Una nuova biografia di Pindaro*, Salerno 1968.

laudationes[颂词]。

我们还必须假设,存在着多种类型的国王与政治家传记。无疑,很多人会认为对于国王的军事和政治活动的简单记叙不能被称为"传记"或"颂词"。这也是波利比乌斯及其后的奈波斯的观点。但我不认为每个人都会认同。西塞罗给卢克塞乌斯(Lucceius)的信(Ad fam. 5.12)似乎提到了一部论述个人历史事件(他自己的执政期)的专题著作,非常像对一段个人生平的记叙:

> 一个杰出优异的人,他那反复无常、变化不定的幸运,包含着惊奇、焦虑、喜悦、忧伤、希望、恐惧的感受。

[117]在实践中,要区分以某位君王为中心的政治-军事史与普通传记非常困难。不幸的是,我们对小尼安瑟斯所写的阿塔卢思一世传记和梯摩卡瑞斯所写的安条克四世传记都一无所知,所以我们不知道它们与蒂迈欧论皮洛士战争的专著以及拜占庭的德米特里特论述粟特与托勒密二世之间战争的专著之间到底有多少不同。有个叫托勒密的人,是米迦波利斯的阿戈萨库斯(Agesarchus of Megalopolis)的儿子,他写过几本论托勒密四世的书,也会有同样的解释价值。这些书肯定都围绕着这位国王的私人生活展开,但这是他们唯一关心的东西吗?

一个简单的例证就足以显示,希腊化传记写作伟大的统一样式的说法是何等荒谬。我们知道伊壁鸠鲁的朋友伊多梅涅写过两本传记式著作,一本论煽动家,另一本论苏格拉底学派哲学家。论煽动家的那一本自然使我们想起了泰奥庞普斯在他《腓力战记》中论煽动家的著名附录,它是漫步学派样式之前传记写作的一个参照点。但是论苏格拉底学派哲学家的那一本是论战性质的,很难说它受漫步学派的性格观念启发而作。因为伊多梅涅在伊壁鸠鲁学派中处于领导角色,除非有相反的证据,我们必须假设他使用的是伊壁鸠鲁的术语而非亚里士多德的。①

感谢维拉莫维茨的精湛重构,我们得以离开哲学去阅读卡里斯都的安提柯。② 这位作家喜欢把哲学家说成有趣、逗乐的人。安提柯自己不承认任何哲学体系或者哲学的善与恶的理论价值。[118] 在他笔下漫步学派的吕克昂(Lycon)是一个 bon viveur[老饕]。维拉莫维茨恰当地指出,这里这样描述吕克昂暗示存在着某种对 Katzenjammer[宿醉不醒]的标准描述(fr. 26 Wehrli)。

我们对埃雷特里亚的迈涅德慕斯的了解大多来自安提柯,安提柯对这位哲学家的记叙非常幽默而且充满同情,说他的教学从不循规蹈矩,他用丰富的谈话和贫乏的食物招待他的客人。

当然,安提柯对哲学家的理论与实践的一致性十分敏感。他说怀疑论者皮浪从不避让马车、狗、流浪汉以及其他一切东西,但是却在身边朋友遇到麻烦时溜之大吉(拉尔修,IX. 62)。安提柯笔下斯多葛学派的芝诺蔑视逻辑分析,他并不是以哲学姿态,而是以一种不耐烦、粗鲁、绝对诚实和朴实无华的作风吸引了雅典人,并赢得了高纳塔斯(Antigonus Gonatas)的友谊。其他传记证明安提柯肯定对哲学家在社会上的地位很感兴趣,他对我们今天所称的 intelligenstia[知识分子]有一个模糊的认识。

---

① See F. Jacoby in *Pauly – Wissowa*, s. v. Idomeneus.
② 罗德(E. Rohde)对维拉莫维茨的批评(*Kl. Schriften* I, pp. 356 – 361)并不足信。

只有最后一个希腊化时代的传记作家,大马士革的尼古拉斯,清晰显示出了按照亚里士多德哲学对德性进行分类的迹象,这归根结底也是他自己的哲学。但是尼古拉斯还在一种业已存在的传记框架——也许是奥古斯都的自传——中添加了他自己的体系。整篇记叙本质上说的是年轻的屋大维怎样崛起成为恺撒的继承人。恺撒之死占据的篇幅极其不成比例,基本上成了一篇附录,因为它是屋大维为其养父复仇故事的本质部分。屋大维年轻时代的故事在尼古拉斯之前就已经存在,而且书写成文了,尼古拉斯赋予它一种颂词的样式,可能是为了取悦奥古斯都本人。要说这篇传记采用了漫步学派的框架,尚且没有实据。框架很容易发生变化,而故事本身却可能不受影响。

[119]威尔利(F. Wehrli)最近宣称米安阿德(Meanader)与漫步学派之间有关系,这一评论同样适用于希腊化时代的传记作家。① 在文学传统上,米安阿德是泰奥弗拉图的学生和法勒庸的德米特里的朋友,这一事实并不足以推断出他的喜剧乃是受到漫步学派伦理学启发而作。漫步学派的影响不能被假设,必须被证明。这一理论的支持者必须找到米安阿德使用漫步学派术语的确切证据,而不能仅仅依据语言和思想上的模糊相似。这一方法同样可以用来论证亚里士多德伦理学是不是希腊化传记的指导思想,希腊化传记离开了这个元素是否就会变得难以理解、无法想象。我看这一论证很难完成。

---

① "Menader und die Philosophie" in *Ménandre*, Fondation Hardt, Vandoeuvres 1970, pp. 146–152.

阿里托塞诺究竟是不是某种类型的漫步学派,其他几个重要的传记作家能不能被称为漫步学派,这不是一个可能性的问题。漫步学派是唯一一个对史学研究感兴趣的哲学学派。它对各种各样的生活类型进行积极研究,使用场景描述和逸闻趣事来表现各种类型的特征。它被用在与其他学派的论战上面,传记式细节被当成进攻或者防御的武器,哲学家个人的美德与邪恶被用来作为评价他们学派优劣的标杆。最后要格外强调的是,亚里士多德伦理学很容易被用作对个人行为进行分类的工具。它以大量实证经验为基础,而且正像我们说过的,它很贴近公元前4世纪那些受过教育的普通希腊人的感觉。所有这些都使得漫步学派在传记中具有了极其崇高的地位,它也解释了为什么最成功的希腊化传记类型可能是由漫步学派的阿里托塞诺创造的。

但是,在亚里士多德之前,传记就已经存在了,阿里托塞诺也是后来才加入漫步学派的,他之前所在的毕达哥拉斯学派很关注心理学,而且他很快就厌烦了其他漫步学派的伙伴。[120]我们在阿里托塞诺、赫米普斯和撒提鲁斯的残篇中发现的德性描述并不是亚里士多德主义者独有的,漫步学派之外的诗人、历史学家和散文家同样这样做。博学更不是漫步学派的特权。卡里马科斯是个学者,乃是出于他自己的权利。

把亚里士多德主义当成希腊化传记的前提,这既不必要也不充分。相较于之前的传记著作,希腊化传记在精密和广博程度上要强得多。它对于场景细节、逸闻趣事、名人名言以及奇特癖好的好奇心也要大得多。它从来不觉得有必要用波利比乌斯的那种方式去讲述事实,但是我们要记住,即便在历史学家里面波利比乌斯也是个特例。那时候传记被用来支持某一派哲学对抗另一派,帮助读者们了解作家和艺术家,可以说它追求的是一种专业目标。不同学派的哲学家与非哲学的批评家和学者都有参与。当然传记肯定还被用作政治宣传,其程度要大于我们从残缺不全的文本证据中所发现的。但是我们最后还是要接受这样一种观点:人们不会出于某种哲学思考,或者为某种智力与政治论战的目的去写作传记。

希腊化世界中受过教育的人们感兴趣的是著名人物的生平。他们想知道国王、诗人、哲学家都是什么样的人,在日常生活中是什么样子。信息不足的时候人们就会猜测,毫无顾忌的传记作家会加入他们的杜撰。对希腊人的希腊式好奇心是一切的基础,当有许多希腊人生活在蛮族世界中的时候,这种好奇心愈发强烈。罗马人把他们的好奇心扩展到了希腊世界,普鲁塔克从他们那里学会了如何比较希腊人与罗马人。看上去与罗马人的联系使得希腊传记在基调上更加严肃。也许大马士革的尼古拉斯的著作显示出一种新的发展,但无论如何,希腊化时代的传记作家延续的是希腊传记传统,少有例外。

[121]赫米普斯论 Magi[贤士]的著作算不上传记。希腊世界的历史既需要政治和军事的史书,也需要从另一个角度,从那些作为单个人或者一类人的伟大人物的角度来描述整幅画面。隽言妙语尝试用几行字定义人生的意义,传记在一幅更大的画布上做着同样的事情。除了那些对文学家的传记式简短介绍之外,优雅叙事、娱乐读者的目标从未被忽视。我们最后能对漫步学派说的是,该学派非常喜爱传记,由于阿里托塞诺,它创造出了最为成功、持续最久的希腊传记类型——哲学家们的传记。

"是什么让希腊化时代的人们写了这么多传记?"我觉得这个问题还是不回答为好,但是如果必须回答,我会重复德雷斯登教授的话:

De biograaf speelt ernstig, *severe ludit*.
传记作家们在严肃地做着游戏。

参考书目

一 概论

E. Paxton Hood, *The Uses of Biography*, London 1852.
E. Gosse, "The Custom of Biography," *The Anglo-Saxon Review* 8 (March 1901) 195-208.
E. Platzhoff-Lejeune, *Werk und Persönlichkeit: Zu einer Theorie der Biographie*, Minden 1903.
S. Lee, *Principles of Biography*, Cambridge 1911.
W. R. Thayer, *The Art of Biography*, New York 1920.
W. Dilthey, *Gesammelte Schriften* V, Leipzig-Berlin 1924.
Virginia Woolf, "The Art of Biography," *Collected Essays*, London 1967, IV, 221-228.
——— "The New Biography," *ibid.*, 229-235.
A. Maurois, *Aspects de la biographie*, Paris 1928.
H. von Srbik et al., "Historische Belletristik," *Historische Zeitschrift* 138 (1928) 593-633 (also in independent reprint).
E. Ludwig, "Historie und Dichtung," *Neue Rundschau* 40, 1 (1929) 358-381.
——— "Ueber die Grösse," *Neue Rundschau* 40, 2 (1929) 83-99.
W. Mommsen, *"Legitime" und "illegitime" Geschichtsschreibung: Eine Auseinandersetzung mit Emil Ludwig*, München-Berlin 1930.
J. Müller, "Dilthey und das Problem der historischen Biographien," *Archiv für Kulturgeschichte* 23 (1932) 89-108.
K. Hampe, "Das neueste Lebensbild Kaiser Friedrichs II," *Historische Zeitschrift* 146 (1932) 441-475.
L. Mumford, "The Task of Modern Biography," *English Journal* 23 (1934) 1-9.
A. M. Clark, *Autobiography: Its Genesis and Phases*, London 1935.
E. Ludwig, *Die Kunst der Biographie*, Paris 1936.
D. Durling and W. Watts (eds.), *Biography: Varieties and Parallels*, New York 1941.
H. Cherniss, *The Biographical Fashion in Literary Criticism*, University of California Publications in Classical Philology 12, 15 (1943) 279-292.

J. Romein, *De biografie*, Amsterdam 1946 (Germ. transl., Bern 1948, with changes).
E. Johnson, *One Mighty Torrent*, New York, new ed. 1955 (original ed. 1937).
P. Kirn, *Das Bild des Menschen in der Geschichtsschreibung von Polybios bis Ranke*, Göttingen 1955.
S. Dresden, *De structuur van de biografie*, Den Haag 1956.
J. A. Garraty, *The Nature of Biography*, New York 1957.
R. Pascal, *Design and Truth in Autobiography*, London 1960.
A. Chorus, *Het beeld van de mens in de oude biographie en hagiografie*, Den Haag, 1962.
P. Courcelle, *Les Confessions de S. Augustin dans la tradition littéraire: Antécédents et posterité*, Paris 1963.
H. H. Muchow, "Ueber den Quellenwert der Autobiographie für die Zeitgeistforschung," *Zeitschrift für Religions- und Geistesgeschichte* 18 (1966) 297-310.
F. Vercauteren, "La Biographie et l'Histoire," *Bulletin de l'Académie Royale de Belgique* 52 (1966) 554-565.
G. Misch, *Geschichte der Autobiographie*, Frankfurt 1949-1969.
W. Hubatsch, "Biographie und Autobiographie—Das Problem von Quelle und Darstellung", in *XIII. Internationaler Congress der Historischen Wissenschaften*, Moscow 1970.

二 希腊传记

A. Westermann, Βιογράφοι, *Vitarum Scriptores Graeci Minores*, Brunsvigae 1845.
F. Jacoby, *Die Fragmente der griechischen Historiker*, Berlin-Leiden 1923ff.
C. Wachsmuth, *Einleitung in das Studium der alten Geschichte*, Leipzig 1895.
I. Bruns, *Das literarische Porträt der Griechen im fünften und vierten Jahrhundert vor Christi Geburt*, Berlin 1896.
——— *Die Persönlichkeit in der Geschichtsschreibung der Alten*, Berlin 1898.
E. Meyer, "Die Biographie Kimons," in *Forschungen zur alten Geschichte* II, Halle 1899, 1-87.
F. Leo, *Die griechisch-römische Biographie nach ihrer litterarischen Form*, Leipzig 1901.
G. Fraustadt, *Encomiorum in litteris Graecis usque ad Romanam aetatem historia*, Leipzig 1909.
E. Rohde, *Der griechische Roman und seine Vorläufer*, 3rd ed., Leipzig 1914.
W. Gemoll, *Das Apophthegma*, Wien 1924.
G. Misener, "Iconistic Portraits," *Classical Philology* 19 (1924) 97-123.
F. Dornseiff, "Literarische Verwendungen des Beispiels," *Vorträge der Bibliothek Warburg* 4 (1924-1925) 206-228.
W. Graf Uxkull-Gyllenband, *Plutarch und die griechische Biographie*, Stuttgart 1927.
D. R. Stuart, *Epochs of Greek and Roman Biography*, Berkeley 1928.

A. Weizsäcker, *Untersuchungen über Plutarchs biographische Technik*, Berlin 1931.
H. Kornhardt, *Exemplum*, Göttingen 1936.
M. Müller, *Untersuchungen über das Vorbild*, Zürich 1949.
B. Lavagnini, *Studi sul romanzo greco*, Messina and Firenze 1950.
W. Steidle, *Sueton und die antike Biographie*, München 1951.
H. Gerstinger, art. "Biographie" in *Reallexikon für Antike und Christentum* II (1954) 386–391.
A. Dihle, *Studien zur griechischen Biographie* (Abhandl. Akad. Göttingen, 3, 37), 1956.
K. von Fritz, review of A. Dihle, *Studien zur griechischen Biographie*, in *Gnomon* 28 (1956) 326–332.
H. Strasburger, "Komik und Satire in der griechischen Geschichtsschreibung," *Festgabe für P. Kirn* (Berlin 1961) 13–45.
O. Gigon and C. Andresen, art. "Biographie" in *Lexikon der Alten Welt* (1965) 469–473.
A. Lumpe, art. "Exemplum" in *Reallexikon für Antike und Christentum* VI (1966) 1229–1257.
H. Drexler, *Die Entdeckung des Individuums*, Salzburg 1966.
A. Ronconi, art. "Exitus illustrium virorum" in *Reallexikon für Antike und Christentum* VI (1966) 1258–1267.
G. Arrighetti, "La biografia antica negli studi dell' ultimo cinquantennio," *Cultura e Scuola* I (1966) 37–44.
B. E. Perry, *The Ancient Romances*, Berkeley and Los Angeles 1967.
I. Gallo, "La vita di Euripide di Satiro e gli studi sulla biografia antica," *La Parola del Passato* 113 (1967) 134–160.
—— *Una nuova biografia di Pindaro*, Salerno 1969.
G. L. Huxley, *Greek Epic Poetry*, London 1969.
E. C. Evans, "Physiognomics in the Ancient World," *Transactions of the American Philosophical Society* n.s. 59 (1969) 46–58.
H. Chadwick, art. "Florilegium" in *Reallexikon für Antike und Christentum* VII (1969) 1131–1160.

三 希腊自传

G. Misch, *Geschichte der Autobiographie* I, Leipzig and Berlin 1907 (2nd ed. 1931 reviewed by R. Harder, *Gnomon* 8 [1932] 162–165).
U. von Wilamowitz-Moellendorff, "Die Autobiographie im Altertum," *Intern. Wochenschrift für Wissenschaft, Kunst und Technik* 1 (1907) 1105–1114.
F. Jacoby, "Mischs Geschichte der Autobiographie," in *Deutsche Literaturzeitung* 30 (1909) 1093–1098, 1157–1163, 1421–1423.
L. Niedermeier, *Untersuchungen über die antike poetische Autobiographie*, diss. München 1919.
A. Sixoo, art. "Autobiographie" in *Reallexikon für Antike und Christentum* I (1950) 1050–1055.

G. Misch, *Geschichte der Autobiographie* I, 1-2, 3rd ed., Frankfurt a. M., 1949-1950.
—— *A History of Autobiography in Antiquity* I-II, Engl. transl., London 1950.
O. Gigon and V. Pöschl, art. "Autobiographie" in *Lexikon der Alten Welt* (1965) 414-417.

四 起源

1. 东方

E. Meyer, *Der Papyrusfund von Elephantine*, Leipzig, 2nd ed. 1912, 98-128.
F. Rosenthal, "Die arabische Autobiographie," *Analecta Orientalia* 14 (1937) 1-40.
J. Janssen, *De traditioneele egyptische autobiografie voor het Nieuwe Rijk*, Leiden 1946.
S. Smith, *The Statue of Idri-mi*, London 1949.
E. Otto, *Die biographischen Inschriften der ägyptischen Spätzeit*, Leiden 1954.
R. H. Bainton et al., *The Idea of History in the Ancient Near East*, New Haven 1955.
G. Germain, "Qu'est-ce que le Périple d'Hannon?" *Hespéris* 44 (1957) 205-248.
J. Vercoutter, *Textes biographiques du Sérapéum de Memphis*, Paris 1962.
F. Imparati and C. Saporetti, "L'autobiografia di Ḫattušili I," *Studi Classici e Orientali* 14 (1965) 40-85.

2. 希腊

O. Friedel, "Die Sage vom Tode Hesiods," *Jahrbücher für classische Philologie*, Suppl., 10 (1878-1879) 235-278.
E. Reiner, *Die rituelle Totenklage der Griechen*, Stuttgart 1938.
F. Brommer, *Herakles*, Köln 1953.
M. A. Levi, *Plutarco e il V secolo*, Milano 1955.
George M. A. Hanfmann, "Narration in Greek Art," *American Journal of Archaeology* 61 (1957) 71-78.
C. Dugas and R. Flacelière, *Thésée: Images et récits*, Paris 1958.
G. Schiassi, introduction to *Hyperidis Epitaphius*, Firenze 1959.
H. Homeyer, "Zu den Anfängen der griechischen Biographie," *Philologus* 106 (1962) 75-85.
A. La Penna, "Il romanzo di Esopo," *Athenaeum* 40 (1962) 264-314.
—— "Letteratura esopica e letteratura assiro-babilonese," *Rivista di Filologia Classica* 92 (1964) 24-39.
H. Montgomery, *Gedanke und Tat: Zur Erzählungstechnik bei Herodot, Thukydides, Xenophon und Arrian*, Lund 1965.
R. Flacelière and P. Devambez, *Héraclès: Images et récits*, Paris 1966.
R. Cantarella, "Omero e le origini dell' Omerologia," *La Parola del Passato* 112 (1967) 1-28.

五 公元前4世纪

K. Münscher, *Xenophon in der griechisch-römischen Literatur, Philologus* Suppl. 13, 2 (1920).
G. Pasquali, *Le lettere di Platone*, Firenze 1938 (2nd ed., Firenze 1967).
F. Wehrli, *Die Schule des Aristoteles* 1-10, Basel 1944-1959 (2nd ed. in progress).
H. Cherniss, *The Riddle of the Early Academy*, Berkeley and Los Angeles 1945.
O. Gigon, *Sokrates: Sein Bild in Dichtung und Geschichte*, Bern 1947.
K. O. Brink, art. "Peripatos" in Pauly-Wissowa, *RE* Suppl. 7 (1950) 917-919.
H. R. Breitenbach, *Historiographische Anschauungsformen Xenophons*, Freiburg 1950.
P. Louis, "Le mot ἱστορία chez Aristote," *Revue de Philologie* 29 (1955) 39-44.
J. Luccioni, *Xénophon et le Socratisme*, Paris 1953.
F. Bömer, "Der Commentarius," *Hermes* 81 (1953) 210-250.
O. Gigon, *Kommentar zum ersten Buch von Xenophons Memorabilien*, Basel 1953.
―――― *Kommentar zum zweiten Buch von Xenophons Memorabilien*, Basel 1956.
N. Zegers, *Wesen und Ursprung der tragischen Geschichtsschreibung*, diss. Köln 1959.
L. Pearson, *The Lost Histories of Alexander the Great* (American Philological Association Monograph 20), 1960.
R. Weil, *Aristote et l'Histoire*, Paris 1960.
H. Erbse, "Die Architektonik im Aufbau von Xenophons Memorabilien," *Hermes* 89 (1961) 257-287.
J. A. Philip, "Aristotle's Monograph on the Pythagoreans," *Transactions of the American Philological Association* 94 (1963) 185-198.
H. R. Breitenbach, art. "Xenophon" in Pauly-Wissowa, *RE* IX A, 2 (1967) 1567-1928.
L. Edelstein, *Plato's Seventh Letter*, Leiden 1966.
E. Dönt, "Platons Spätphilosophie und die Akademie," *Sitzungsb. Oesterr. Akad.* 251 (1967).
K. von Fritz, *Platon in Sizilien*, Berlin 1968.
G. Müller, review of L. Edelstein, *Plato's Seventh Letter* in *Götting. Gelehrte Anz.* 221 (1969) 187-210.
M. Isnardi Parente, "Platone Politico e la VII Epistola," *Rivista Storica Italiana* 81 (1969) 261-285.

六 希腊化时代

U. von Wilamowitz-Moellendorff, *Antigonos von Karystos*, Berlin 1881.
F. Leo, "Didymos περὶ Δημοσθένους," *Nachrichten Göttinger Gesell.*, 1904, 254-261 = *Ausgewählte Kleine Schriften* II (Roma 1960) 387-394.

R. Reitzenstein, *Hellenistische Wundererzählungen*, Leipzig 1906 (reprint 1963).
F. Leo, "Satyros βίος Εὐριπίδου," *Nachrichten Göttinger Gesell.*, 1912, 273-290 = *Ausgewählte Kleine Schriften* II (1960) 365-383.
H. Gerstinger, "Satyros, Bios Euripidou," *Wiener Studien* 38 (1916) 54-71.
H. Frey, *Der Bίος Εὐριπίδου des Satyros und seine literaturgeschichtliche Bedeutung*, Zürich 1919.
M. Delcourt, "Les biographies anciennes d'Euripide," *Antiquité classique* 2 (1933) 271-290.
G. Scorza, "Il peripatetico Cameleonte," *Rivista Indo-Greco-Italica* 18 (1934) 1-48.
P. von der Mühll, "Antiker Historismus in Plutarchs Biographie des Solon," *Klio* 35 (1942) 89-102.
O. Gigon, "Antike Erzählungen über die Berufung zur Philosophie," *Museum Helveticum* 3 (1946) 1-21.
M. Treu, "Biographie und Historie bei Polybios," *Historia* 3 (1954) 219-228.
P. H. von Blanckenhagen, "Narration in Hellenistic and Roman Art," *American Journal of Archaeology* 61 (1957) 78-83.
C. O. Brink, "Tragic History and Aristotle's School," *Proceedings of the Cambridge Philological Society* 186 (1960) 14-19.
W. von Kienle, *Die Berichte über die Sukzessionen der Philosophen in der hellenistischen und spätantiken Literatur*, Berlin 1961.
P. Händel, "Die zwei Versionen der Viten des Apollonios von Rhodos," *Hermes* 90 (1962) 429-443.
H. Homeyer, "Beobachtungen zu den hellenistischen Quellen der Plutarch-Viten," *Klio* 41 (1963) 145-157.
Satiro, *Vita di Euripide*, ed. G. Arrighetti, Pisa 1964.
S. S. Averincev, "Biografičeskie Sočinenija Plutarcha v zarubežnoj Nauke xx veka," *Vestnik Drevnej Istorii*, 1964, 3, 202-212.
——— "Nablyudenija nad compozicionnoj technikoj Plutarcha v 'Parallel'nych Žizneopisanijach' ('Solon')," *Voprosy Klassičeskoj Filologii* I (Moscow 1965) 160-180.
——— "Podbor geroev v 'Parallel'nych Žizneopisanijach' Plutarcha i antičnaja biografičeskaja tradicija," *Vestnik Drevnej Istorii*, 1965, 2, 51-67.
——— "Priemy organizacii materiala v biografijach Plutarcha," *Voprosy Antičnoj Literatury i Klassičeskoj Filologii* (Festschrift S. I. Sobolevskij), Moscow 1966, 234-246.
G. Arrighetti, "La biografia di Pindaro del Papiro Ossirinco XXVI, 2438," *Studi Classici e Orientali* 16 (1967) 129-148.
——— "Il POx XIII, 1611: alcuni problemi d'erudizione antica," *Studi Classici e Orientali* 17 (1968) 76-98.

A. J. Podlecki, "The Peripatetics as Literary Critics," *Phoenix* 23 (1969) 114-137.

七 罗马共和与帝国

W. H. D. Suringar, *De Romanis Autobiographis*, Progr. Leiden 1846.
H. H. Armstrong, *Autobiographic Elements in Latin Inscriptions* (University of Michigan Studies 3, 4), 1910.
F. Blumenthal, "Die Autobiographie des Augustus," *Wiener Studien* 35 (1913) 113-130, 267-288; and 36 (1914) 84-103.
E. Norden, in *Einleitung in die Altertumswissenschaft*, I, 4 (3rd ed., 1927) 83, 88.
G. Funaioli, art. "C. Suetonius Tranquillus" in Pauly-Wissowa, *RE* IV A, 1 (1931) 593-641.
G. L. Hendrickson, "The *Memoirs* of Rutilius Rufus," *Classical Philology* 28 (1933) 153-175.
N. I. Barbu, *Les procédés de la peinture des caractères et la vérité historique dans les biographies de Plutarque*, Paris 1934.
E. Hazelton Haight, *The Roman Use of Anecdotes*, New York 1940.
A. Rostagni, "Note autobiografiche nell'epopea (dai Greci ai Latini)," *Belfagor* 1 (1946) 73-79 = "Elementi autobiografici nell'epopea," *Scritti Minori* II, 2 (Torino 1956) 190-200.
C. Theander, *Plutarch und die Geschichte*, Lund 1951.
K. Ziegler, art. "Plutarchos von Chaironeia" in Pauly-Wissowa, *RE* XXI, 1 (1951) 636-962.
P. De Lacy, "Biography and Tragedy in Plutarch," *American Journal of Philology* 73 (1952) 159-171.
H. Bardon, *La littérature latine inconnue* I (Paris 1952) 108-120, 153-157.
H. Erbse, "Die Bedeutung der Synkrisis in den Parallelbiographien Plutarchs," *Hermes* 84 (1956) 398-424.
P. Treves, "Introduzione a Plutarco," in *Il Tempo di Giulio Cesare*, Milano 1958 (a selection of Plutarch's Lives in translation).
—— "Biografia e storia in Suetonio," preface to *Suetonio, Vite dei Cesari*, Milano 1962.
J. Dalfen, *Formgeschichtliche Untersuchungen zu den Selbstbetrachtungen Mark Aurels*, München 1967.
K. Abel, "Die Selbsterfassung der Persönlichkeit in der römischen Geistesgeschichte," *Antike und Abendland* 13 (1967) 150-164.
T. A. Dorey (ed.), *Latin Biography*, London 1967.
F. Della Corte, *Suetonio eques romanus*, 2nd ed., Firenze 1967.
C. Diano, *Saggezza e poetica degli antichi*, Venezia 1968, 49-69 (on Plutarch).
G. Brugnoli, *Studi Suetoniani*, Lecce 1968.
B. Mouchova, *Studie zu Kaiserbiographien Suetons*, Prag. 1968.

G. W. Bowersock, *Greek Sophists in the Roman Empire*, Oxford 1969, 1-16.

八 圣徒传

F. Kemper, *De Vitarum Cypriani, Martini Turonensis, Ambrosii, Augustini rationibus*, diss. Münster 1904.
H. Mertel, *Die biographische Form der griechischen Heiligenlegenden*, diss. München 1909.
K. Holl, "Die schriftstellerische Form des griechischen Heiligenlebens," *Neue Jahrbücher für klassische Altertumswissenschaft* 15 (1912) 406-427 = *Gesammelte Aufsätze zur Kirchengeschichte* II (3rd ed., 1928) 249-269.
A. Harnack, *Das Leben Cyprians von Pontius: Die erste christliche Biographie*, Leipzig 1913.
R. Reitzenstein, "Des Athanasius Werk über das Leben des Antonius," *Sitzungsb. Heidelberg. Akad.*, 1914, 8.
────── *Historia Monachorum und Historia Lausiaca*, Göttingen 1916.
H. Delehaye, *Les Passions des Martyrs et les genres littéraires*, Bruxelles 1921.
A. Priessnig, *Die biographischen Formen der griechischen Heiligenlegenden*, diss. München 1922.
S. Cavallin, *Literarhistorische und textkritische Studien zur Vita S. Caesarii Arelatensis*, Lund 1934.
A.-J. Festugière, "Sur une nouvelle édition du 'De Vita Pythagorica' de Jamblique," *Revue des Études Grecques* 50 (1937) 470-494.
H. Dörries, "Die Vita Antonii als Geschichtsquelle," *Nachr. Gesell. Wiss. Göttingen* 14 (1949) 359-410.
R. Aigrain, *L'Hagiographie: ses sources, ses méthodes, son histoire*, Paris 1953.
M. Pellegrino, *Ponzio, Vita e Martirio di San Cipriano*, Alba 1955.
────── *Possidio, Vita di S. Agostino*, Alba 1955.
G. J. M. Bartelink, "De vroeg-christelijke biografie en haar grieks-romeinse voorgangers," *Annalen von het Thijm-genootschap* 45, 3 (1957) 272-292.
A.-J. Festugière, *Les moines d'Orient* I-IV, Paris 1961ff.
D. Hoster, *Die Form der frühesten lateinischen Heiligenviten*, Köln 1963.
G. Luck, "Die Form der Suetonischen Biographie und die frühen Heiligenviten," *Mullus. Festschrift Theodor Klauser* (Münster 1964) 230-241.
B. Altaner and A. Stuiber, *Patrologie* (7th ed., Freiburg 1966) 236-244 for further bibl.
J. Fontaine, *Sulpice Sévère, Vie de Saint Martin*, Paris 1967ff.
G. Lomiento, "La Bibbia nella Compositio della Vita Cypriani di Ponzio," *Vetera Christianorum* 5 (1968) 23-60.
L. F. Pizzolato, *Le Confessioni di Sant'Agostino*, Milano 1968.
P. Courcelle, *Recherches sur les Confessions de Saint Augustin*, 2nd ed., Paris 1968.

九　中世纪：一点假设

W. von den Steinen, "Heilige als Hagiographen," *Historische Zeitschrift* 143 (1931) 229–256.
P. J. Alexander, "Secular Biography at Byzantium," *Speculum* 15 (1940) 194–209.
P. Lehmann, "Autobiographies of the Middle Ages," *Transactions of the Royal Historical Society* 5, 3 (1953) 41–52.
G. Misch, *Geschichte der Autobiographie* II—IV, Frankfurt 1955–1967.
R. W. Southern, *Saint Anselm and his Biographer*, Cambridge 1963.
T. Wolpers, *Die englische Heiligenlegende des Mittelalters*, Tübingen 1964.
J. Fontaine, "Alle fonti dell'agiografia europea," *Rivista di Storia e Letteratura Religiosa* 2 (1966) 187–206.
M. Plezia, "L'histoire dialoguée," *Studia Patristica* IV, 2 (Berlin 1966) 490–496.
F. Prinz, "Heiligenkult und Adelsherrschaft im Spiegel merowingischer Hagiographie," *Historische Zeitschrift* 204 (1967) 529–544.
B. de Gaiffier, "Mentalité de l'hagiographie médiévale," *Analecta Bollandiana* 86 (1968) 391–400.

十　近现代传记，特别是英文传记

H. Glagau, *Die moderne Selbstbiographie als historische Quelle*, Marburg 1903.
J. Collins, *The Doctor looks at Biography*, New York 1925.
H. G. Nicolson, *The Development of English Biography*, New York 1928.
D. A. Stauffer, *English Biography before 1700*, Cambridge, Mass. 1930.
J. M. Longaker, *English Biography in the Eighteenth Century*, Philadelphia 1931.
J. F. Otten, *De moderne biographie*, Maastricht 1932.
J. M. Longaker, *Contemporary Biography*, Philadelphia 1934.
J. C. Major, *The Role of Personal Memoirs in English Biography and Novel*, Philadelphia 1935.
D. A. Stauffer, *The Art of Biography in Eighteenth Century England*, Princeton 1941.
V. de Sola Pinto (ed.), *English Biography in the XVIIth Century*, London 1951.
W. Shumaker, *English Autobiography*, Berkeley 1954.
Formen der Selbstdarstellung. Analekten zu einer Geschichte des literarischen Selbstportraits, Festschrift für Fritz Neubert, Berlin 1956.
J. M. Osborn, *The Beginnings of Autobiography in England*, Univ. of California, Los Angeles [1959].
G. R. Hocke, *Das europäische Tagebuch*, Wiesbaden 1963.
A. Girard, *Le Journal intime*, Paris 1963.
G. A. Starr, *Defoe and Spiritual Autobiography*, Princeton 1965.

J. W. Reed, *English Biography in the Early Nineteenth Century*, New Haven 1966.
L. Köhn, "Entwicklungs- und Bildungsroman," *Deutsche Vierteljahrschrift* 42 (1968) 427–473.
A. Fischer, *Studien zum historischen Essay und zur historischen Porträtkunst an ausgewählten Beispielen*, Berlin 1968.
D. B. Shea, Jr., *Spiritual Autobiography in Early America*, Princeton 1968.
P. Delany, *British Autobiography in the Seventeenth Century*, London 1969.

附加

M. I. Finley, "Plato and Practical Politics," *Aspects of Antiquity*, London 1968, 73-88.
K. Thraede, *Grundzüge griechisch-römischer Brieftopik*, München 1969.
P. Cugusi, *Studi sull'epistolografia latina* I: *L'età preciceroniana* (Annali della Facoltà di Lettere, Filosofia e Magistero dell' Università di Cagliari XXXIII, 1), 1970.
A. E. Wardman, "Plutarch's Methods in the *Lives*," *The Classical Quarterly*, N.S. 21 (1971) 254–261.
A. Momigliano, "Second Thoughts on Greek Biography," *Mededel. Kon. Nederl. Akad.* (forthcoming, 1971).

文献索引

AESCHYLUS
Agamemnon 1548: p. 24
ANAXIMENES
Rhetorica ad Alexandrum 1429a21: p. 72
ANTHOLOGIA PALATINA
6.330: p. 44n2
ARCHILOCHUS
Frag. 41 Diehl: p. 69
ARISTEAS
Letter to Philocrates 298: p. 90
ARISTOPHANES
Peace 1282–3: p. 26
Wasps 1446: p. 53
ARISTOTLE
Poetics
9, 1451b5: p. 66
9, 1451b10: pp. 12, 64
23, 1459a22: p. 66
Politics
2.5.1, 1267b22: p. 69
5.8.8, 1311a25: p. 78
7.13.2, 1332b23: p. 29
Rhetoric
1.4, 1360a2: p. 67
1.9, 1368a17: p. 49
Frag. 70 Rose: p. 31
ARRIAN
Anabasis 6.1.4: p. 91
Epictetus, Praef. 2: p. 90n24
ASCONIUS
In Milonianam p. 48 Clark: p. 95

ATHENAEUS
Deipnosophistae
2.71: p. 90
4.162: pp. 53–54
7.276a–c: p. 84
10.438d: p. 91
12.518: p. 91
12.533a–c: p. 63
12.545: p. 76
13.576e: p. 91
14.654: p. 90
AUCTOR AD HERENNIUM
1.8.13: pp. 84n19, 99n40
AUSONIUS
Mosella 305: p. 97n36
CICERO
Brutus
29.112: p. 93
35.132: p. 93
De inv. 1.19.27: pp. 84n19, 99n40
De leg. 2.63: p. 24
De off. 2.14.48: p. 91
Ep. ad Att.
1.19.10: p. 95
2.1.1: p. 95
16.11.3: p. 96
Ep. ad fam. 5.12: p. 83
CLEMENT OF ALEXANDRIA
Stromata 1.15.69: p. 35
(= Democritus F.229 Diels)
CORNELIUS NEPOS
Atticus
16: p. 98
18.5–6: p. 98

CORNELIUS NEPOS—*Continued*
Pelopidas 1: p. 99n40
Frag. 58 Malcovati: p. 98

DEMOCRITUS, *see* CLEMENT

DEMOSTHENES
De corona 69: p. 58

DIODORUS SICULUS
1.27.3: p. 92

DIOGENES LAERTIUS
1.2: p. 31
2.65: p. 71
3.2: p. 77
3.4: p. 71
4.5: p. 77
5.50: p. 35
5.81: p. 77
6.14: p. 48
7.4: p. 53
7.6: p. 31
8.57: p. 31
8.60: p. 62
8.63: pp. 30, 32
8.83: p. 62
10.14: p. 81

DIONYSIUS OF HALICARNASSUS
De Demosthene 53: p. 77
De Isaeo 1.1: p. 79
Ep. ad Pompeium: p. 63

EPHORUS
FGrHist 70F181: p. 35

ERATOSTHENES
FGrHist 241F16: p. 84

EURIPIDES
Suppliants 860ff: p. 49

FRONTO, M. CORNELIUS
Ep. ad Verum p. 120 van den Hout: p. 93n31

GELLIUS, AULUS
Noctes Atticae
3.10–11: p. 97n36
3.11: p. 96
14.3: p. 52

HERACLIDES LEMBUS, *see* PAPYRI

HERACLITUS
Frag. 56 (Diels[6] 1163): p. 25

HERODOTUS
1.27: p. 53
1.29: p. 35
1.31: p. 29
2.106: p. 37
2.134: pp. 27, 53
2.135: p. 28
3.160: p. 36
4.44: p. 29
4.87: p. 37
4.91: p. 37
5.92: p. 34
5.121: p. 29
6.34ff: p. 34
6.125: p. 34

HOMER
Iliad
5.381: p. 72
24.720: p. 24

ISOCRATES
Antidosis 166: p. 49
Panegyricus
10: p. 72
149: pp. 51–52

ISYLLUS OF EPIDAURUS
Poem E: p. 44n2

JEROME
De viris illustribus, Praef.: pp. 73, 79, 81, 96

JOSEPHUS
Contra Apionem 1.22.163: p. 80

LACTANTIUS
Divinae Institutiones 1.11.33: p. 92

LIVY
28.46.16: p. 37n22

LUCIAN
De conscribenda historia
16: p. 90n24
48: p. 90n24
Demosthenis encomium 26: p. 90
Pro lapsu 10: p. 91

LYSIAS
Oratio
16: p. 52
16.9: p. 53

MARCELLINUS
Vita Thucydidis 29: p. 66

NEPOS, *see* CORNELIUS NEPOS
PAUSANIAS
  1.5.5: p. 92
  1.12.2: p. 89
PHERECYDES OF ATHENS
  FGrHist 3F2: p. 24
PHOTIUS
  Bibliotheca
    181: p. 12
    242: p. 12
PLATO
  Letter 7: pp. 60, 61, 62
  Letter 8: p. 61
  Phaedo 59e: pp. 46–47
PLINY THE ELDER
  Natural History 35.11: pp. 97, 97n36, 98
PLUTARCH
  Moralia:
    De sera numinis vindicta 12.557A: p. 27
    Amatorius 21.767F: p. 49
  Vitae:
    Aemilius Paulus 15: p. 93
    Alexander 1.2: p. 1
    Aristides
      1: p. 77
      27: p. 77
    Dion 35: p. 62
    Tiberius Gracchus 8: p. 93
    Solon 28: p. 27
    Sulla 6: p. 94n32
    Themistocles 13: p. 77
POLYAENUS
  Stratagems 4.6.2: p. 90
POLYBIUS
  10.9.3: p. 92
  10.21 (= *FGrHist* 173T1): p. 82
  10.24: p. 1
  12.25e: p. 90n24
  18.33.3: p. 90
PTOLEMY OF MEGALOPOLIS
  FGrHist 161F2: p. 85
SATYRUS, *see* PAPYRI
SCHOLIA IN IUVENALEM
  6.338, p. 95 Wessner: p. 80n16

SEXTUS EMPIRICUS
  Adversus Mathematicos 1.253: p. 99n40
SOSYLUS
  FGrHist 176F1: p. 29
STOBAEUS
  Florilegium
    6.58–60: p. 54
    29.84: p. 54
STRABO
  13.608: p. 79
SUDA
  s.v. Αἴσωπος Σάμιος: p. 92
    Νικόλαος Δαμασκηνός: p. 14
    Ξενοφῶν Ἀντιοχεύς: p. 55
    Ξενοφῶν Ἐφέσιος: p. 55
    Ξενοφῶν Κύπριος: p. 55
    Σκύλαξ: p. 29, 29n
SUETONIUS
  De grammaticis
    12: p. 95
    27: p. 95
SYMMACHUS
  Epistolae
    1.2.2: p. 97n36
    1.4.1: p. 97n36
TACITUS
  Agricola 1.3: p. 94
THEAGENES OF RHEGIUM
  Frag. 1 (Diels[6] I51): p. 25
THEOCRITUS
  Epigrammata 22: p. 25
THUCYDIDES
  3.96: p. 26
XANTHUS
  FGrHist
    765F32: pp. 31–32
    765F33: p. 32
XENOPHANES
  Frag. 18 Diehl: p. 23n1
    (= F.22 Diels[6] I134)
XENOPHON
  Anabasis
    1.9: p. 51
    2.4.4: pp. 51–52

XENOPHON—*Continued*
  2.6.1–15: p. 51
  2.6.6: p. 52
  2.6.16–29: p. 51
Agesilaus
  3.1: p. 50
  9.1: p. 51
Hellenica 2.3.56: pp. 50, 72
Memorabilia
  1.1–2,3: p. 53
  2.2: p. 54
  3.5: p. 54

INSCRIPTIONS
Epigrammata Graeca (Kaibel) 1028: p. 92
IG IV² 128, ll. 57–79: p. 44n2
IG XII 5.1.739: p. 92

OGIS
  54: p. 92
  383: p. 92
W. Peek, *Griechische Grabgedichte*
  82: p. 43
  95: p. 43
  107: p. 43
SGDI 5656: p. 24n2

PAPYRI
P. *Graeca Hauniensis* 6: p. 85
P. *Michigan* 2754: pp. 26, 27n9
P. *Oxy.*
  IX 1176 (Satyrus): pp. 8, 80
  XI 1367 (Heraclides Lembus): p. 79
  XXVI 2438: pp. 87, 88n22
  XXVII 2465 (Satyrus): p. 80
P. *Soc. Ital.* IX 1093: p. 27

人名索引

Abradatas and Panthea, 56
Academy, Platonic, 20
Achilles, 40
Aemilius Scaurus, M., 14, 93, 94
Aeneas, 33
Aeschines, 58
Aeschylus, 25, 70, 80
Aesop, 27f, 32, 35, 38, 53; memoirs attributed to, 92
Agamemnon, 24
Agesilaus, 45, 50, 51; *see also* Xenophon, *Agesilaus*
Aḥiqar, 35
Alcaeus, 28
Alcibiades, 2, 12, 47, 48, 49, 64
Alcidamas, 26, 27, 28
Alcmaeon of Croton, 62
Alcmaeonids, 34
Alexander the Great, 45, 65, 83, 90; letters, 91; histories of, 9, 63, 83, 103; education of, 82–83; encomium of, 82; successors of, *see* Diadochi
Alexandria, 79, 81, 90
Alexandrian scholarship, 19, 20, 87
Alföldi, A., 33
Anacreon, 70
Anaximenes, 72
Anchises, 33
Andromache, 24
Andronicus, 87
Antigone, 38
Antigonus of Carystus, 10, 73, 74, 79, 81
Antiochus I of Commagene, 92

Antiochus I (*Soter*), 83; IV (*Epiphanes*), 83, 91; VII (*Sidetes*), 83
Antipater, 90, 91
Antiphon, 58
Antisthenes, 47, 48, 54, 55
Apollo, 77
Apollonius of Tyre, 31
Aramaic, texts in, 35, 37
Aratus of Sicyon, 89, 93
Arcesilaus, 81
Archelaus, King of Macedon, 66, 67
Archilochus, 27, 28, 69, 88
Archytas of Tarentum, 75, 76
Aristarchus, 90
Aristeas, 90
Aristides, Aelius, 44, 87
Aristippus, 71
Aristo of Ceos, 81
Aristobulus, 83
Aristophanes, 26, 39
Aristotle, 17, 19, 20, 30, 31, 46, 49, 64, 65–100 *passim*, 103; *Athenaion Politeia*, 68; *Oeconomica*, attributed to A., 72; *Poetics*, 12, 38, 64, 66; *Politics*, 69, 78; dialogue on poets, 80; *Vita Marciana* of, 86–87; *see also* Peripatos
Aristoxenus, 53, 73–89 *passim*, 103; lives of Archytas, Plato, Pythagoras, Socrates, 74, 75, 76, 88
Arsinoe III Philopator, 84, 85
Arulenus Rusticus, 99
Asclepiades Areiou, 83
Asclepiades Maeander, 43

人名索引 155

Asclepiades of Myrleia, 99n40
Asclepius, 43, 44n
Asia Minor, 32, 33, 34, 35
Assyria, 35
Athenaeus, 63, 70, 76, 84, 90
Attalus I of Pergamum, 81, 83
Atticus, 95, 97, 98
Augustine, Saint, *Confessions*, 18
Augustus, 9, 86, 91, 98; autobiography, 94; collection of *exempla*, 72; *res gestae*, 92
Aurelius, Marcus, 18
Averincev, S. S., 5

Babylon, siege of, 37
Bacon, Francis, 45
Bakis, 56
Barbu, N. I., 20
Bayle, Pierre, 67
Behistun inscription, 37
Bernheim, Ernst, 3
Bloch, H., 88n
Bodin, Jean, 2
Bodin, L., 78
Borgia, Cesare, 2
Bowen, C. D., 21
Bruns, Ivo, 10, 16, 17, 21, 51
Burckhardt, J., 3, 6, 16, 17, 21

Caere, 33
Caesar, Julius, 2, 86, 96, 97; *Commentarii*, 18, 58, 93
Callimachus, 25, 79; *Pinakes* 13, 79, 81
Callisthenes, 82
Cambyses, 34
Carthage, 33, 37, 97,
Cassiodorus, 85 and n20
Cato the Elder, 16, 97
Cattaneo, Carlo, 4
Catulus, *see* Lutatius Catulus
Cavendish, George, 45
Chalcis, 26
Chamaeleon, 70, 73
Chatelet, F., 41
Cicero, 9, 66, 74, 80n, 84n, 93, 95, 96, 99n; *Brutus*, 60, 80; letters, 18, 98; letters to Lucceius, 83
Cimbri, 93
Cimon, 63
Clearchus (general), 51, 52

Clearchus (philosopher), 68n, 69, 77, 82
Clement of Alexandria, 35
Cleomenes, 34
Cleon, 39, 41, 45, 64
Clitarchus, 83
Collingwood, R. G., 3, 4
Conon, 45, 49
Corinth, 70, 74
Cornelia, mother of the Gracchi, 98 and n38
Cornelius Epicadus, 95
Cornelius Nepos, 9, 63, 72, 87, 96-99, 104
Cosmas Indicopleustes, 92
Crantor, 81
Crates, 81
Crispi, Francesco 4
Croce, Benedetto 3, 4, 61
Croesus, 34, 35, 39
Ctesias, 55, 56, 57
Cypselus, 34
Cyrus I, The Great, 34, 46, 47, 52
Cyrus, The Younger, 51, 52

Damascius, 12
Damastes, 28
Damon and Phintias, 74, 76
Dante, 11
Darius I of Persia, 29, 37
Delphi, 27; Treasury of the Athenians, 25
Demades, 89
Demetrius of Byzantium, 83
Demetrius of Phalerum, 65, 77, 83, 89
Democedes, 34, 38
Democritus, 35
Demosthenes (Athenian general), 26
Demosthenes (orator), 45, 48, 58, 70, 71, 77, 90
Diadochi, 8, 63, 65, 83
Dicaearchus, 69, 71, 79
Didymus, 70 and n6, 73, 87
Diels, H., 35
Dihle, A., 10, 16, 17, 21, 80
Dilthey, W., 6, 18, 21
Diodorus Siculus, 74, 92
Diogenes Laertius, 9, 10, 27, 30, 31, 32, 71, 77, 81
Dio of Syracuse, 62, 91

Dionysius the Elder, 45, 76
Dionysius the Younger, 62, 74, 76, 83
Dionysius of Halicarnassus, 63, 77, 99 and n42
Dionysus, 85
D'Israeli, Isaac, 14
Domitian, 99
Droysen, J. G., 2

Eckermann, J. P. 3
Edelstein, L., 60, 61
Elephantina, 35, 37
Elizabethan age, 45
Empedocles, 30, 31, 32, 38, 44, 62
Ennius, 25
Epaminondas, 45
Ephorus, 8, 35, 63, 72
Epictetus, 54
Epicurus, 62, 81
Epimenides, 56
Eratosthenes, 84, 85
Erbse, H., 52
Eresus, 78
Eretrian school of philosophy, 81
Erikson, E. H., 6
Etruria, 93
Etruscans, 33, 75
Euagoras, 49, 50, 52; *see also* Isocrates
Eudemus, 68
Euhemerus, 92
Euripides, 49, 80, 81; *see also* Satyrus
Ezra, 36

Fraccaro, P., 98n38
Fraenkel, E., 89n23, 98n38
Frederick the Great, 2
Freud, S., 1, 3
Fronto, 93n31
Furius, A., 93

Gellius, A., 52, 96
George, Stefan, 1, 3, 21
Giglioli, G, Q., 33
Gigon, O., 54, 88n
Gilgamesh epos, 35
Glaucus of Rhegium 28
Gorgias, 51, 79
Gosse, E., 95
Gracchus, Gaius, 93 and n30, 98

Gracchus, Tiberius, 93
Gregory the Great, 80
Grimm, J. and W., 14
Gundolf, Friedrich 1, 17

Hadrian, 92
Hannibal, 37 and n22; *see also* Sosylus
Hanno, 37
Harmodius, 34
Hecataeus of Miletus, 24, 41
Hector, 24, 40
Hecuba, 24
Hegilla, daughter of Philagros, 43
Hellanicus, 8, 28
Helvidius Priscus, 99
Heracles, 24, 38
Heraclides Lembus, 79, 80, 87
Heraclides of Mylasa, 29, 32, 38, 44
Heraclides Ponticus, 69
Heraclitus, 25, 81
Herennius Senecio, 99
Hermippus, 9, 73, 79, 80, 81, 82
Herodes (Herod the Great), 91
Herodotus, 8, 12, 21, 27, 28, 29, 31, 34, 35, 36, 37, 39, 40, 41, 42, 53, 56, 64, 66, 101
Heropythos of Chios, 24
Hesiod, 25, 26, 27, 28, 96
Hieronymus of Cardia, 8
Hippodamus of Miletus, 69
Hippolochus the Thessalian, 49
Hipponax, 35
Homer, 25, 26, 27, 28, 32, 40, 72, 96; *Iliad*, 24; *Odyssey*, 29; Herodotean life of, 28
Homeridae, 26
Homeyer, H., 12, 21, 34, 64
Humboldt, W. von, 20
Hyginus (freedman of Augustus), 72

Iamblichus, 74, 88
Idomeneus the Epicurean, 71
Iliad, *see* Homer
India, 29, 91, 104
Ion of Chios, 30, 32, 33, 36, 37, 42, 44
Ionia, 21, 29, 35, 37
Isis and Osiris, 92
Isocrates, 24, 47–51, 59, 65, 72, 77, 79, 82, 102; *Antidosis*, 48, 59, 60;

人名索引 157

Isocrates—*Continued*
　Euagoras, 8, 24, 49-52, 77;
　Panegyricus, 51; "On the Team of
　Horses," 48, 49; rhetoric of, 57, 65
Italy, 3, 33, 37, 75, 98, 99

Jacoby, Felix, 25, 28, 32, 57, 89, 93
Jemolo, A. C., 4
Jerome, Saint, 73, 79, 81, 96
Jews, of Elephantina, 35, 37, 80
Joël, K., 54
Josephus, Flavius, 18, 80
Judaea, 36
Julian, Emperor, 92
Julius Caesar, *see* Caesar
Jung, C. G., 1
Jupiter, 92

Kaegi, Werner, 5-6

Lactantius, 72, 92
Lais, courtesan, 49
Lambinus, D., 99n41
Lamprocles, 54
Laqueur, R., 78
Latte, K., 61, 80
Leibniz, G. W., 20, 67
Leonclavius, J., 52
Leo, Friederich, 10, 14, 15, 16,
　18-21, 46, 70, 76, 80, 87, 89, 93
Leonidas, 34, 40, 45
Libanius, 60
Livy, 2, 16
Longaker, M., 21
Lucanians, 75
Lucian, 73, 90
Ludwig, Emil, 1, 3, 4
Lutatius Catulus, Q., 93
Lyco the Peripatetic, 81
Lycurgus, orator, 89
Lysander, 45
Lysias, 52, 53
Lysimachus, 83

Mably, Abbé de, 2
Macedon, 58, 65, 66, 90, 91, 93
Manzoni, A., 4
Marcellinus, 66, 67, 87
Marius, C., 93
Marsyas of Pellia, 83
Mascardi, Agostino, 2

Masinissa, king of Mauretania, 91
Maurois, André, 1, 4
Mazzini, G., 4
Menander, 65, 81
Menedemus, 81
Meno (general), 51, 52
Meno (philosopher), 68
Mess, A. von, 75
Messapians, 75
Messenians, 27
Meyer, Eduard, 1, 2, 3, 26, 35
Miltiades the Elder, 34
Miltiades the Younger, 45
Mirabeau, Comte de, 2
Misch, G., 10, 16, 17, 18, 21
Mnesiepes, 27
Momigliano, Attilio, 4
Momigliano, Eucardio, 4
Momigliano, Felice, 4
Mommsen, Theodor, 1, 3, 20, 21,
　85n
Mullach, F. W., 47
Muses, the, 25, 27
Mussolini, B., 2
Myson, vase painter, 39

Neanthes of Cyzicus, 71, 79n15
Neanthes the Younger, 83
Near East, 8, 35-37
Nehemiah, 36, 37
Nemea, 26
Nepos, *see* Cornelius Nepos
Nicias, 64
Nicolaus of Damascus, 9, 14, 86, 91
Niebuhr, B. G., 20
Nietzsche, F., 3, 26
Ninus romance, 55
Nock, A. D., 10, 32
Norden, Eduard, 29
Nysa (Arabia), 92

Octavian, *see* Augustus
Odyssey, *see* Homer
Oedipus, 24, 38
Olympia, 38, 62
Onesicritus, 82, 83
Osiris, *see* Isis and Osiris

Paetus Thrasea, 99
Palladius, 80

Pallottino, M., 33
Panaetius, 19
Papini, Giovanni, 3
Parmenides, 25
Parthenius, 72
Parthenon, 38
Pascal, R., 6
Pasquali, G., 61
Paul, Saint, 62
Pausanias (king of Sparta), 34, 62
Pausanias (writer), 89, 92
Pearson, L., 83
Peloponnesian Wars, 40
Pericles, 30, 40, 45
Pericles the Younger, 54
Peripatos, 17, 19, 20, 64–100 passim, 103
Perret, J., 33
Perry, B. E., 35
Persaeus of Citium, 53
Perseus, king of Macedon, 83, 93
Persia, 34-37, 55, 97, 102; kings of, 34, 35, 49, 51, 78; Persian Wars, 40
Peucetians, 75
Phaedo, 46
Phainias (or Phanias) of Eresus, 71, 77, 78
Pherecydes of Athens, 24, 25
Philagros of Angele, 43
Philaidai, 24
Philip II of Macedon, 45, 58, 63, 82, 83
Philip V of Macedon, 91
Philiscus, 64n21
Philodemus, 72
Philopoemen, 82
Philostratus, 9
Phintias, see Damon
Phoenicians, 33, 37
Photius, 12
Pindar, 49, 69, 70, 87
Pippidi, D. M., 66
Piraeus, 69
Pirandello, Luigi, 4
Pisander of Camirus, 25
Pisistratus, 68
Plato, 20, 46-49, 59, 60-62, 65, 71, 74, 75, 77, 82, 102; *Apology*, 17, 46, 48, 58, 59, 60; *Letter 7*, 60-62; *Phaedo*, 46; encomia of, 77, 82

Pliny the Elder, 97
Plutarch, 1, 2, 5, 18-20, 27, 63, 77, 78, 86, 87, 89, 98, 99
Plutarch, pseudo, 87
Polemo, 81
Polenton, Sicco, 99
Polyarchus, 76
Polybius, 1, 9, 16, 41, 82, 89, 90
Polycrates, sophist, 52-53
Pompeius Magnus, Cn., 95
Pompeius Strabo, Cn., 95
Poppo, E. F., 67
Posidonius of Apamea, 19
Posidonius, writer on Perseus of Macedon, 83
Praxiphanes, 66, 67
Propertius, 25
Proxenus, 51, 52
Ptolemies, 85, 90
Ptolemy I (Soter), 83, 91
Ptolemy II (Philadelphus), 83, 91
Ptolemy III (Euergetes I), 92
Ptolemy IV (Philopator), 80, 85
Ptolemy VI (Philometor), 80
Ptolemy VIII (Euergetes II), 90, 91
Ptolemy of Megalopolis, son of Hegesarchus, 85
Pyrgi, inscriptions, 33
Pyrrho the Sceptic, 81
Pyrrhonism, historical, 67
Pyrrhus, king of Epirus, 33, 83, 89
Pythagoras, 74, 75, 79, 80, 88
Pythagoreans, 53, 74, 75, 103

Reitzenstein, R., 83
Renaissance, 3, 16, 17
Ritschl, F., 96
Roper, William, 45
Russell, Bertrand, 3
Rutilius Rufus, P., 14, 93, 94

Sallust, 61
Samian War, 30
Santra, 96
Sappho, 28, 69, 70
Sarfatti, Margherita, 3
Satyrus, 5, 9, 73, 79, 80, 81, 83, 84; *Life of Euripides* 8, 73, 80
Schachermeyr, F., 30
Schiller, F., 74
Schwartz, E., 10, 57

人名索引 159

Scipio Africanus, 16, 91
Scipio Nasica, 93
Scriptores Historiae Augustae, 9
Secundus, philosopher, 73
Segre, Mario, 85 and n20
Seneca, 18, 62
Septimius Severus, 93
Seven Wise Men, 27, 28, 35, 38, 53, 79
Sicily, 45, 61, 78
Silenus, 56
Skylax of Caryanda, 29f, 32, 33, 36–38, 44, 104
Snell, Bruno, 27
Socrates, 10, 17, 39, 45–47, 48, 52–54, 58–60, 71, 74f, 77, 81
Socratics, 10, 17, 45–47, 51, 54, 55, 57, 59, 60, 65, 71f, 75, 78, 96
Solon, 78
Sophaenetus of Stymphalus, 57
Sophocles, 30, 70, 80, 86
Sosylus, historian of Hannibal, 29, 83
Sotion, 81
Southey, Robert, 14
Sparta, 24, 27, 40, 45, 49, 55
Speusippus, 62, 77, 91
Stahl, J. M., 67
Starr, C. G., 41
Steidle, W., 19, 88n22
Stephanus Byzantius, 57
Stesichorus, 69
Stesimbrotus of Thasus, 30, 32, 42
Stobaeus, 54
Stoics, 72
Strabo, 79
Strachey, Lytton, 1, 3
Stuart, D. R., 5, 21
Suda, 14, 29, 55, 92
Suetonius, 5, 9, 14, 18–20, 73, 86–88, 96, 100
Sulla, 93, 94, 95
Sulpicius Severus, 80
Syracuse, 61, 74, 91

Tacitus, 94, 100
Tarentum, 76
Tatianus, 25
Tellus, 29
Thasus, 30
Thayer, W. Roscoe, 11

Theagenes of Rhegium, 25, 28
Thebes, 54
Themistocles, 30, 34, 40, 45, 78
"Themistogenes" (pseudonym of Xenophon), 57
Theocritus, 25
Theodectes, 64n21
Theodosius, 99
Theophrastus, 35, 65, 68, 69, 74, 76, 77
Theopompus, 8, 30, 47–8, 55, 56, 62f, 72, 78, 82, 102; *Hellenica*, 63; *Philippica*, 30, 56, 62f, 64, 103
Theseus, 24, 25, 32
Thucydides, 8, 16, 26, 34, 39, 40, 41, 57, 58, 62, 64, 66, 67, 87, 101
Thucydides, son of Melesias, 30
Timaeus of Tauromenium, 8, 83
Timochares, 83
Timocles, son of Asopichos, 43
Timoleon, 61
Timon the Sceptic, 81
Timonidas of Leucas, 91
Tiro, 95
Titinius Capito, 72

Usener, H., 20, 21, 85n20
Uxkull-Gyllenband, W., 19

Valerius Maximus, 72–73, 98
Varro, 96, 97, 97n, 98, 104
Veii, 33
Vercellae, 93
Verona, Guido da 3
Villa Tamphiliana, 97
Vita Marciana of Aristotle, 86–87
Voltacilius Pitholaus, L., 95

Weizsäcker, A., 19
Wilamowitz-Moellendorff, U. von, 1, 10, 15, 17, 17n, 26, 49, 81, 92, 93
Woolf, Virginia, 1

Xanthus of Lydia, 30–32, 33, 36, 38, 44
Xenophanes, 23n1
Xenophon, 8, 17, 43–64 *passim*, 72, 102; *Agesilaus*, 8, 50–51, 52; *Anabasis*, 16, 49, 50, 51–52, 57,

102; *Cyropaedia*, 8, 47, 52, 55, 56; *Hellenica*, 50; *Memorabilia*, 17, 46, 52–54, 56; *Apology of Socrates*, 17, 48, 53, 58–59
Xenophon, pseudo, 55
Xerxes, 31

Zarathustra, *see* Zoroaster
Zeno of Citium, 53, 81
Zeus, 25, 26
Zopyrus, 36
Zoratas, *see* Zoroaster
Zoroaster (Zarathustra) 31, 56, 75

图书在版编目（CIP）数据

古希腊传记的嬗变/（意）阿纳尔多·莫米利亚诺著；孙文栋译. --北京：华夏出版社有限公司, 2021.5
（西方传统：经典与解释）
书名原文：The Development of Greek Biography: Expanded Edition
ISBN 978-7-5222-0037-8

Ⅰ.①古… Ⅱ.①阿… ②孙… Ⅲ.①传记－研究－古希腊 Ⅳ.①K810

中国版本图书馆CIP数据核字(2020)第223346号

THE DEVELOPMENT OF GREEK BIOGRAPHY: Expanded Edition
by Arnaldo Momigliano
Copyright © 1971, 1993 by the President and Fellows of Harvard College
Published by arrangement with Harvard University Press
through Bardon-Chinese Media Agency
Simplified Chinese translation copyright © 2021 by Huaxia Publishing House Co., Ltd.
ALL RIGHTS RESERVED

版权所有，翻印必究。
北京市版权局著作权合同登记号：图字 01-2021-0508 号

古希腊传记的嬗变

作　　者	[意]阿纳尔多·莫米利亚诺
译　　者	孙文栋
责任编辑	刘雨潇
责任印制	刘　洋

出版发行	华夏出版社有限公司
经　　销	新华书店
印　　装	三河市少明印务有限公司
版　　次	2021年5月北京第1版　2021年5月北京第1次印刷
开　　本	880×1230　1/32
印　　张	5.75
字　　数	115千字
定　　价	45.00元

华夏出版社有限公司　地址:北京市东直门外香河园北里4号　邮编:100028
　　　　　　　　　　　网址:www.hxph.com.cn　电话:(010)64663331(转)
若发现本版图书有印装质量问题，请与我社营销中心联系调换。

西方传统：经典与解释
Classici et Commentarii
HERMES
刘小枫◎主编

古今丛编

克尔凯郭尔　[美]江思图 著
货币哲学　[德]西美尔 著
孟德斯鸠的自由主义哲学　[美]潘戈 著
莫尔及其乌托邦　[德]考茨基 著
试论古今革命　[法]夏多布里昂 著
但丁：皈依的诗学　[美]弗里切罗 著
在西方的目光下　[英]康拉德 著
大学与博雅教育　董成龙 编
探究哲学与信仰　[美]郝岚 著
民主的本性　[法]马南 著
梅尔维尔的政治哲学　李小均 编/译
席勒美学的哲学背景　[美]维塞尔 著
果戈里与鬼　[俄]梅列日科夫斯基 著
自传性反思　[美]沃格林 著
黑格尔与普世秩序　[美]希克斯 等著
新的方式与制度　[美]曼斯菲尔德 著
科耶夫的新拉丁帝国　[法]科耶夫 等著
《利维坦》附录　[英]霍布斯 著
或此或彼（上、下）　[丹麦]基尔克果 著
海德格尔式的现代神学　刘小枫 选编
双重束缚　[法]基拉尔 著
古今之争中的核心问题　[德]迈尔 著
论永恒的智慧　[德]苏索 著
宗教经验种种　[美]詹姆斯 著
尼采反卢梭　[美]凯斯·安塞尔-皮尔逊 著
舍勒思想评述　[美]弗林斯 著
诗与哲学之争　[美]罗森 著
神圣与世俗　[罗]伊利亚德 著
但丁的圣约书　[美]霍金斯 著

古典学丛编

赫西俄德的宇宙　[美]珍妮·施特劳斯·克莱 著
论王政　[古罗马]金嘴狄翁 著
论希罗多德　[古罗马]卢里叶 著
探究希腊人的灵魂　[美]戴维斯 著
尤利安文选　马勇 编/译
论月面　[古罗马]普鲁塔克 著
雅典谐剧与逻各斯　[美]奥里根 著
菜园哲人伊壁鸠鲁　罗晓颖 选编
《劳作与时日》笺释　吴雅凌 撰
希腊古风时期的真理大师　[法]德蒂安 著
古罗马的教育　[英]葛怀恩 著
古典学与现代性　刘小枫 编
表演文化与雅典民主政制
[英]戈尔德希尔、奥斯本 编
西方古典文献学发凡　刘小枫 编
古典语文学常谈　[德]克拉夫特 著
古希腊文学常谈　[英]多佛 等著
撒路斯特与政治史学　刘小枫 编
希罗多德的王霸之辨　吴小锋 编/译
第二代智术师　[英]安德森 著
英雄诗系笺释　[古希腊]荷马 著
统治的热望　[美]福特 著
论埃及神学与哲学　[古希腊]普鲁塔克 著
凯撒的剑与笔　李世祥 编/译
伊壁鸠鲁主义的政治哲学
[意]詹姆斯·尼古拉斯 著
修昔底德笔下的人性　[美]欧文 著
修昔底德笔下的演说　[美]斯塔特 著
古希腊政治理论　[美]格雷纳 著
神谱笺释　吴雅凌 撰
赫西俄德：神话之艺
[法]居代·德·拉孔波 等著
赫拉克勒斯之盾笺释　罗逍然 译笺
《埃涅阿斯纪》章义　王承教 选编
维吉尔的帝国　[美]阿德勒 著
塔西佗的政治史学　曾维术 编

古希腊诗歌丛编

古希腊早期诉歌诗人　[英]鲍勒 著
诗歌与城邦　[美]费拉格、纳吉 主编
阿尔戈英雄纪（上、下）
[古希腊]阿波罗尼俄斯 著
俄耳甫斯教祷歌　吴雅凌 编译
俄耳甫斯教辑语　吴雅凌 编译

古希腊肃剧注疏集

希腊肃剧与政治哲学　[美]阿伦斯多夫 著

古希腊礼法研究

宙斯的正义　[英]劳埃德-琼斯 著
希腊人的正义观　[英]哈夫洛克 著

廊下派集

廊下派的苏格拉底　程志敏 徐健 选编
廊下派的神和宇宙　[墨]里卡多·萨勒斯 编
廊下派的城邦观　[英]斯科菲尔德 著

希伯莱圣经历代注疏

希腊化世界中的犹太人　[英]威廉逊 著
第一亚当和第二亚当　[德]朋霍费尔 著

新约历代经解

属灵的寓意　[古罗马]俄里根 著

基督教与古典传统

保罗与马克安　[德]文森 著
加尔文与现代政治的基础　[美]汉考克 著
无执之道　[德]文森 著
恐惧与战栗　[丹麦]基尔克果 著
托尔斯泰与陀思妥耶夫斯基
[俄]梅列日科夫斯基 著
论宗教大法官的传说　[俄]罗赞诺夫 著
海德格尔与有限性思想（重订版）
刘小枫 选编
上帝国的信息　[德]拉加茨 著
基督教理论与现代　[德]特洛尔奇 著
亚历山大的克雷芒　[意]塞尔瓦托·利拉 著
中世纪的心灵之旅　[意]圣·波纳文图拉 著

德意志古典传统丛编

论荷尔德林　[德]沃尔夫冈·宾德尔 著
彭忒西勒亚　[德]克莱斯特 著
穆佐书简　[奥]里尔克 著
纪念苏格拉底——哈曼文选　刘新利 选编
夜颂中的革命和宗教　[德]诺瓦利斯 著
大革命与诗化小说　[德]诺瓦利斯 著
黑格尔的观念论　[美]皮平 著
浪漫派风格——施勒格尔批评文集　[德]施勒格尔 著

美国宪政与古典传统

美国1787年宪法讲疏　[美]阿纳斯塔普罗 著

启蒙研究丛编

浪漫的律令　[美]拜泽尔 著
现实与理性　[法]科维纲 著
论古人的智慧　[英]培根 著
托兰德与激进启蒙　刘小枫 编
图书馆里的古今之战　[英]斯威夫特 著

政治史学丛编

伊丽莎白时代的世界图景　[英]蒂利亚德 著
西方古代的天下观　刘小枫 编
从普遍历史到历史主义　刘小枫 编
自然科学史与玫瑰　[法]雷比瑟 著

地缘政治学丛编

克劳塞维茨之谜　[英]赫伯格-罗特 著
太平洋地缘政治学　[德]卡尔·豪斯霍弗 著

荷马注疏集

不为人知的奥德修斯　[美]诺特维克 著
模仿荷马　[美]丹尼斯·麦克唐纳 著

品达注疏集

幽暗的诱惑　[美]汉密尔顿 著

欧里庇得斯集

自由与僭越　罗峰 编译

阿里斯托芬集

《阿卡奈人》笺释　[古希腊]阿里斯托芬 著

色诺芬注疏集
  居鲁士的教育　[古希腊]色诺芬 著
  色诺芬的《会饮》　[古希腊]色诺芬 著
柏拉图注疏集
  挑战戈尔戈　李致远 选编
  论柏拉图《高尔吉亚》的统一性　[美]斯托弗 著
  立法与德性——柏拉图《法义》发微　林志猛 编
  柏拉图的灵魂学　[加]罗宾逊 著
  柏拉图书简　彭磊 译注
  克力同章句　程志敏 郑兴凤 撰
  哲学的奥德赛——《王制》引论　[美]郝兰 著
  爱欲与启蒙的迷醉　[美]贝尔格 著
  为哲学的写作技艺一辩　[美]伯格 著
  柏拉图式的迷宫——《斐多》义疏　[美]伯格 著
  哲学如何成为苏格拉底式的　[美]朗佩特 著
  苏格拉底与希琵阿斯　王江涛 编译
  理想国　[古希腊]柏拉图 著
  谁来教育老师　刘小枫 编
  立法者的神学　林志猛 编
  柏拉图对话中的神　[法]薇依 著
  厄庇诺米斯　[古希腊]柏拉图 著
  智慧与幸福　程志敏 选编
  论柏拉图对话　[德]施莱尔马赫 著
  柏拉图《美诺》疏证　[美]克莱因 著
  政治哲学的悖论　[美]郝岚 著
  神话诗人柏拉图　张文涛 选编
  阿尔喀比亚德　[古希腊]柏拉图 著
  叙拉古的雅典异乡人　彭磊 选编
  阿威罗伊论《王制》　[阿拉伯]阿威罗伊 著
  《王制》要义　刘小枫 选编
  柏拉图的《会饮》　[古希腊]柏拉图 等著
  苏格拉底的申辩（修订版）　[古希腊]柏拉图 著
  苏格拉底与政治共同体　[美]尼柯尔斯 著
  政制与美德——柏拉图《法义》疏解　[美]潘戈 著
  《法义》导读　[法]卡斯代尔·布舒奇 著
  论真理的本质　[德]海德格尔 著
  哲人的无知　[德]费勃 著
  米诺斯　[古希腊]柏拉图 著
  情敌　[古希腊]柏拉图 著
亚里士多德注疏集
  《诗术》译笺与通绎　陈明珠 撰
  亚里士多德《政治学》中的教诲　[美]潘戈 著
  品格的技艺　[美]加佛 著
  亚里士多德哲学的基本概念　[德]海德格尔 著
  《政治学》疏证　[意]托马斯·阿奎那 著
  尼各马可伦理学义疏　[美]伯格 著
  哲学之诗　[美]戴维斯 著
  对亚里士多德的现象学解释　[德]海德格尔 著
  城邦与自然——亚里士多德与现代性　刘小枫 编
  论诗术中篇义疏　[阿拉伯]阿威罗伊 著
  哲学的政治　[美]戴维斯 著
普鲁塔克集
  普鲁塔克的《对比列传》　[英]达夫 著
  普鲁塔克的实践伦理学　[比利时]胡芙 著
阿尔法拉比集
  政治制度与政治箴言　阿尔法拉比 著
马基雅维利集
  君主及其战争技艺　娄林 选编
莎士比亚绎读
  脱节的时代　[匈]阿格尼斯·赫勒 著
  莎士比亚的历史剧　[英]蒂利亚德 著
  莎士比亚戏剧与政治哲学　彭磊 选编
  莎士比亚的政治盛典　[美]阿鲁里斯/苏利文 编
  丹麦王子与马基雅维利　罗峰 选编
洛克集
  上帝、洛克与平等　[美]沃尔德伦 著
卢梭集
  论哲学生活的幸福　[德]迈尔 著
  致博蒙书　[法]卢梭 著
  政治制度论　[法]卢梭 著

哲学的自传 [美]戴维斯 著
文学与道德杂篇 [法]卢梭 著
设计论证 [美]吉尔丁 著
卢梭的自然状态 [美]普拉特纳 等著
卢梭的榜样人生 [美]凯利 著

莱辛注疏集
汉堡剧评 [德]莱辛 著
关于悲剧的通信 [德]莱辛 著
《智者纳坦》（研究版）[德]莱辛 等著
启蒙运动的内在问题 [美]维塞尔 著
莱辛剧作七种 [德]莱辛 著
历史与启示——莱辛神学文选 [德]莱辛 著
论人类的教育 [德]莱辛 著

尼采注疏集
何为尼采的扎拉图斯特拉 [德]迈尔 著
尼采引论 [德]施特格迈尔 著
尼采与基督教 刘小枫 编
尼采眼中的苏格拉底 [美]丹豪瑟 著
尼采的使命 [美]朗佩特 著
尼采与现时代 [美]朗佩特 著
动物与超人之间的绳索 [德]A.彼珀 著

施特劳斯集
论僭政（重订本）[美]施特劳斯 [法]科耶夫 著
苏格拉底问题与现代性（增订本）
犹太哲人与启蒙（增订本）
霍布斯的宗教批判
斯宾诺莎的宗教批判
门德尔松与莱辛
哲学与律法——论迈蒙尼德及其先驱
迫害与写作艺术
柏拉图式政治哲学研究
论柏拉图的《会饮》
柏拉图《法义》的论辩与情节
什么是政治哲学
古典政治理性主义的重生（重订本）

回归古典政治哲学——施特劳斯通信集
苏格拉底与阿里斯托芬

***

施特劳斯的持久重要性 [美]朗佩特 著
论源初遗忘 [美]维克利 著
政治哲学与启示宗教的挑战 [德]迈尔 著
阅读施特劳斯 [美]斯密什 著
施特劳斯与流亡政治学 [美]谢帕德 著
隐匿的对话 [德]迈尔 著
驯服欲望 [法]科耶夫 等著

施米特集
宪法专政 [美]罗斯托 著
施米特对自由主义的批判 [美]约翰·麦考米克 著

伯纳德特集
古典诗学之路（第二版）[美]伯格 编
弓与琴（重订本）[美]伯纳德特 著
神圣的罪业 [美]伯纳德特 著

布鲁姆集
巨人与侏儒（1960-1990）
人应该如何生活——柏拉图《王制》释义
爱的设计——卢梭与浪漫派
爱的戏剧——莎士比亚与自然
爱的阶梯——柏拉图的《会饮》
伊索克拉底的政治哲学

沃格林集
自传体反思录 [美]沃格林 著

大学素质教育读本
古典诗文绎读 西学卷·古代编（上、下）
古典诗文绎读 西学卷·现代编（上、下）

柏拉图读本（刘小枫 主编）
吕西斯 贺方婴 译
苏格拉底的申辩 程志敏 译

中国传统：经典与解释
Classici et Commentarii

经典与解释

刘小枫 陈少明◎主编

《孔丛子》训读及研究 / 雷欣翰 撰
论语说义 / [清]宋翔凤 撰
周易古经注解考辨 / 李炳海 著
浮山文集 / [明]方以智 著
药地炮庄 / [明]方以智 著
药地炮庄笺释·总论篇 / [明]方以智 著
青原志略 / [明]方以智 编
冬灰录 / [明]方以智 著
冬炼三时传旧火 / 邢益海 编
《毛诗》郑王比义发微 / 史应勇 著
宋人经筵诗讲义四种 / [宋]张纲 等撰
道德真经藏室纂微篇 / [宋]陈景元 撰
道德真经四子古道集解 / [金]寇才质 撰
皇清经解提要 / [清]沈豫 撰
经学通论 / [清]皮锡瑞 著
松阳讲义 / [清]陆陇其 著
起凤书院答问 / [清]姚永朴 撰
周礼疑义辨证 / 陈衍 撰
《铎书》校注 / 孙尚扬 肖清和 等校注
韩愈志 / 钱基博 著
论语辑释 / 陈大齐 著
《庄子·天下篇》注疏四种 / 张丰乾 编
荀子的辩说 / 陈文洁 著
古学经子 / 王锦民 著
经学以自治 / 刘少虎 著
从公羊学论《春秋》的性质 / 阮芝生 撰

刘小枫集
　　民主与政治德性
　　昭告幽微
　　以美为鉴
　　古典学与古今之争 [增订本]
　　这一代人的怕和爱 [第三版]
　　沉重的肉身 [珍藏版]
　　圣灵降临的叙事 [增订本]
　　罪与欠
　　儒教与民族国家
　　拣尽寒枝
　　施特劳斯的路标
　　重启古典诗学
　　设计共和
　　现代人及其敌人
　　海德格尔与中国
　　共和与经纶
　　现代性与现代中国
　　现代性社会理论绪论
　　诗化哲学 [重订本]
　　拯救与逍遥 [修订本]
　　走向十字架上的真
　　西学断章
编修 [博雅读本]
　　凯若斯：古希腊语文读本 [全二册]
　　古希腊语文学述要
　　雅努斯：古典拉丁语文读本
　　古典拉丁语文学述要
　　危微精一：政治法学原理九讲
　　琴瑟友之：钢琴与古典乐色十讲
译著
　　普罗塔戈拉（详注本）
　　柏拉图四书

经典与解释辑刊

1. 柏拉图的哲学戏剧
2. 经典与解释的张力
3. 康德与启蒙
4. 荷尔德林的新神话
5. 古典传统与自由教育
6. 卢梭的苏格拉底主义
7. 赫尔墨斯的计谋
8. 苏格拉底问题
9. 美德可教吗
10. 马基雅维利的喜剧
11. 回想托克维尔
12. 阅读的德性
13. 色诺芬的品味
14. 政治哲学中的摩西
15. 诗学解诂
16. 柏拉图的真伪
17. 修昔底德的春秋笔法
18. 血气与政治
19. 索福克勒斯与雅典启蒙
20. 犹太教中的柏拉图门徒
21. 莎士比亚笔下的王者
22. 政治哲学中的莎士比亚
23. 政治生活的限度与满足
24. 雅典民主的谐剧
25. 维柯与古今之争
26. 霍布斯的修辞
27. 埃斯库罗斯的神义论
28. 施莱尔马赫的柏拉图
29. 奥林匹亚的荣耀
30. 笛卡尔的精灵
31. 柏拉图与天人政治
32. 海德格尔的政治时刻
33. 荷马笔下的伦理
34. 格劳秀斯与国际正义
35. 西塞罗的苏格拉底
36. 基尔克果的苏格拉底
37. 《理想国》的内与外
38. 诗艺与政治
39. 律法与政治哲学
40. 古今之间的但丁
41. 拉伯雷与赫尔墨斯秘学
42. 柏拉图与古典乐教
43. 孟德斯鸠论政制衰败
44. 博丹论主权
45. 道伯与比较古典学
46. 伊索寓言中的伦理
47. 斯威夫特与启蒙
48. 赫西俄德的世界
49. 洛克的自然法辩难
50. 斯宾格勒与西方的没落
51. 地缘政治学的历史片段
52. 施米特论战争与政治
53. 普鲁塔克与罗马政治
54. 罗马的建国叙述
55. 亚历山大与西方的大一统
56. 马西利乌斯的帝国
57. 全球化在东亚的开端